A ARTE DE VIVER

EPICTETO

UMA NOVA INTERPRETAÇÃO DE

SHARON LEBELL

A ARTE DE VIVER

O MANUAL CLÁSSICO DA

VIRTUDE, FELICIDADE E SABEDORIA

SOU PARTE DESTA HISTÓRIA 20 anos

tradução: Maria Luiza Newlands da Silveira

preparo de originais: Regina da Veiga Pereira

revisão: Antonio dos Prazeres, Hermínia Totti, José Tedin Pinto, Luis Américo Costa e Sérgio Bellinello Soares

diagramação: Ana Paula Daudt Brandão

capa: Victor Burton e Anderson Junqueira

impressão e acabamento: Associação Religiosa Imprensa da Fé

CIP-BRASIL. CATALOGAÇÃO NA PUBLICAÇÃO
SINDICATO NACIONAL DOS EDITORES DE LIVROS, RJ

E54a Epicteto
A arte de viver/ Epicteto; uma nova interpretação de Sharon Lebell; tradução de Maria Luiza Newlands da Silveira. Rio de Janeiro: Sextante, 2018.
144 p.; 14 x 21 cm.

Tradução de: The art of living
ISBN 978-85-431-0608-3

1. Epicteto. 2. Filosofia antiga. I. Lebell, Sharon. II. Título.

18-47535 CDD: 183
CDU: 1(38)

GMT Editores Ltda.
Rua Voluntários da Pátria, 45 – 14º andar – Botafogo
22270-000 – Rio de Janeiro – RJ
Tel.: (21) 2538-4100
E-mail: atendimento@sextante.com.br
www.sextante.com.br

Sumário

Prólogo

Parte do duradouro apelo e da ampla influência de Epicteto deve-se ao fato de ele não ter feito distinção entre filósofos profissionais e pessoas comuns. Expressava sua mensagem com clareza e dedicação a todos os que estivessem interessados em viver uma vida moralmente consciente.

Mesmo assim, Epicteto acreditava firmemente na necessidade de treinamento para o refinamento gradual do caráter e do comportamento individuais. O progresso moral não é um privilégio natural das elites nem é adquirido por acaso ou por sorte, mas através do esforço diário para se autoaperfeiçoar.

Epicteto teria demonstrado pouca paciência com as agressivas tomadas de posição, defesas e malabarismos verbais que infelizmente às vezes passam por se "fazer" filosofia nas universidades de hoje. Um mestre das explicações sucintas, teria também desconfiado da obscura verborragia que encontramos em escritos acadêmicos, filosóficos e outros textos áridos. Pelo fato de condenar enfaticamente a exibição gratuita de inteligência e conhecimentos, fazia questão de falar, sem ares de superioridade ou condescendência, sobre ideias úteis para se viver bem. Considerava-se bem-sucedido quando suas ideias eram apreendidas com rapidez e postas em uso na vida real por alguém, quando podiam efetivamente fazer algum bem ao enobrecer o caráter daquela pessoa.

Procurando se manter fiel ao espírito democrático e despojado da doutrina de Epicteto, este livro resume as ideias-chave do grande filósofo do Estoicismo e utiliza linguagem e imagens simples apropriadas aos dias de hoje. Para apresentar os ensinamentos de Epicteto da maneira mais direta e proveitosa possível, selecionei, interpretei e improvisei a partir das ideias contidas no *Enchiridion* e nos *Discursos*, os únicos documentos ainda existentes que resumem sua filosofia. Meu objetivo foi transmitir o espírito autêntico – e não necessariamente o texto literal – de Epicteto. Para tanto, consultei as diversas traduções de seus ensinamentos e em seguida dei livre expressão ao que acho que ele teria dito hoje.

Epicteto compreendia muito bem o valor da eloquência da ação. Exortava seus alunos a deixarem de lado a mera teorização inteligente em favor de aplicar seus ensinamentos de maneira ativa às circunstâncias concretas da vida de todos os dias. Da mesma forma, procurei expressar a essência do pensamento de Epicteto de maneira instigante e moderna, capaz de inspirar nos leitores o desejo não só de refletir como de realizar as pequenas e sucessivas mudanças que culminam em dignidade pessoal e uma vida com significado, uma vida íntegra.

O espírito de Epicteto

Como viver uma vida plena e feliz? Como ser uma pessoa com qualidades morais?

Responder a essas duas perguntas fundamentais foi a única paixão de Epicteto, o grande filósofo do Estoicismo. Embora suas obras sejam menos conhecidas hoje em função do declínio do ensino da cultura clássica, tiveram enorme influência sobre as ideias dos principais pensadores da arte de viver durante quase dois mil anos.

Epicteto nasceu escravo por volta do ano 55 d.C. em Hierápolis, Frígia, no extremo oriental do Império Romano. Seu mestre foi Epafrodito, o secretário administrativo de Nero. Desde cedo, Epicteto demonstrou um talento intelectual incomum e Epafrodito ficou tão impressionado que enviou o jovem a Roma para estudar com o famoso professor estoico Caio Musônio Rufo. As obras de Musônio Rufo, que, escritas em grego, ficaram preservadas, contêm argumentos a favor da educação igual para mulheres e homens e contra o critério moral que permitia mais liberdade sexual ao homem do que à mulher no casamento; e o famoso espírito igualitário de Epicteto pode ter sido alimentado pelas ideias de seu mestre naquele período. Epicteto tornou-se o mais aclamado de todos os alunos de Musônio Rufo e acabou sendo libertado da escravidão.

Epicteto ensinou em Roma até o ano 94 d.C., quando o imperador Domiciano, ameaçado pela crescente influência dos filósofos, baniu-o de lá. Passou o resto da vida no exílio em Nicópolis, na costa noroeste da Grécia. Ali, fundou uma escola filosófica e passou seus dias fazendo palestras sobre como viver com maior dignidade e tranquilidade. Entre seus mais ilustres alunos estava o jovem Marco Aurélio Antonino, que mais tarde governou o Império Romano e foi também o autor das famosas *Meditações*, cujas raízes estoicas vinham da doutrina moral de Epicteto.

Apesar de ser um brilhante mestre da lógica e do debate, Epicteto não alardeava suas excepcionais habilidades retóricas. Sua atitude era a de um professor sereno e humilde estimulando os alunos a encararem com muita seriedade a arte de viver com sabedoria. Epicteto praticava o que pregava: vivia modestamente numa pequena cabana e não tinha qualquer interesse em adquirir fama, fortuna ou poder. Morreu por volta de 135 d.C. em Nicópolis.

Epicteto acreditava que a meta principal da filosofia é ajudar as pessoas comuns a enfrentar positivamente os desafios cotidianos e a lidar com as inevitáveis perdas, decepções e mágoas da vida. Seu estilo é revelado por ensinamentos morais despojados de sentimentalismo, falsa devoção religiosa ou mistificações metafóricas. O que resulta é o primeiro e mais admirável manual escrito no Ocidente para se viver a melhor vida possível.

Quando muitos leitores começaram a se voltar para o Oriente em busca de rumos espirituais não sectários, o Ocidente já possuía um tesouro clássico, vital, embora negligenciado durante todo o tempo. Um dos mais brilhantes mestres que jamais existiram, Epicteto é o autor de ensinamentos que equivalem aos contidos nas maiores obras de sabedoria que a civilização humana produziu. Os *Discursos* podem ser considerados a resposta do Ocidente ao *Dhammapada* budista ou ao *Tao Te Ching* de Lao-Tsé. Os que acusam a filosofia ocidental de ser excessivamente cerebral, de tratar de forma inadequada as dimensões não racionais da vida, provavelmente terão a surpresa de descobrir que *A arte de viver* é de fato uma filosofia de liberdade e de tranquilidade interiores, um modo de viver cujo propósito é tornar nossa alma mais leve.

Uma inesperada mistura de Oriente e Ocidente dá sabor a esta leitura. Por um lado, seu estilo é irrefutavelmente ocidental: exalta a razão e é repleto de sérias e rigorosas diretrizes morais. Por outro, uma suave brisa oriental parece soprar quando Epicteto discute a natureza do Universo. Sua descrição da Realidade Suprema, por exemplo, que ele equipara à própria natureza, é notavelmente fluida e elusiva, lembrando o *Tao* de maneira surpreendente.

Para Epicteto, vida feliz e vida virtuosa são sinônimos. Felicidade e realização pessoal são consequências naturais de atitudes corretas. Ao contrário de muitos filósofos de sua época, ele estava menos preocupado em procurar compreender o mundo do que em identificar os passos específicos que são necessários para se chegar à excelência moral. Parte de sua genialidade é enfatizar mais o progresso moral do que a busca de perfeição moral. Com uma aguda percepção de quão facilmente nos desviamos de nossos princípios mais elevados no decorrer da vida, ele nos exorta a encarar a vida filosófica como uma progressão de etapas que, pouco a pouco, nos aproxima de nossos mais caros ideais.

Sua noção de uma boa vida, contudo, não é seguir uma lista de preceitos, mas levar nossas ações e desejos a se harmonizarem com a natureza. A questão não é agir bem para conquistar os favores dos deuses ou a admiração dos outros, mas adquirir serenidade interior e, consequentemente, uma liberdade pessoal duradoura. Excelência moral é um empreendimento com oportunidades iguais, disponível a todos em qualquer ocasião, ricos ou pobres, instruídos ou não. Não é território exclusivo dos "profissionais espirituais", como os monges, os santos e os ascetas.

Epicteto desenvolveu uma concepção de virtude que é simples, corriqueira e cotidiana em sua expressão. Era favorável a uma vida vivida firmemente de acordo com a vontade divina e não caracterizada por manifestações extraordinárias, flagrantes ou heroicas de bons sentimentos. Sua receita para uma boa vida concentrava-se em três temas principais: dominar os desejos, desempenhar as obrigações e aprender a pensar com clareza a respeito de si mesmo e de seu relacionamento com o restante da comunidade humana.

Epicteto admitia que a vida cotidiana é sempre repleta de dificuldades dos mais variados graus. Ele passou a própria vida delineando um caminho para a felicidade, a realização pessoal e a tranquilidade, qualquer que fosse a situação da pessoa que quisesse segui-lo. Seus ensinamentos, quando despojados de seus traços culturais antigos, têm uma relevância contemporânea incomum. Às vezes, sua filosofia soa como o que há de melhor na psicologia contemporânea. A Prece da Serenidade, que sintetiza o movimento de recuperação – "Concedei-me a serenidade para aceitar as coisas que não posso mudar, a coragem para mudar o que posso e a sabedoria para reconhecer a diferença" –, poderia facilmente ser uma frase de seu livro. Na realidade, o pensamento de Epicteto é um dos fundamentos da moderna psicologia da autogerência.

Em outros aspectos importantes, contudo, Epicteto é muito tradicional e pouco contemporâneo. Ao mesmo tempo que nossa sociedade (na prática, mas nem sempre abertamente) encara a realização profissional, a riqueza, o poder e a fama como desejáveis e admiráveis, ele vê tudo isso como incidental e irrelevante para a verdadeira felicidade. O que importa de fato é o tipo de pessoa em que nos transformamos, o tipo de vida que vivemos.

UM MANUAL PARA A VIDA

Primeiro, diga a si mesmo
o que você deveria ser;
depois, faça o que tem de fazer.

Epicteto foi um orador que não deixou escritos filosóficos. Felizmente, os aspectos principais de sua filosofia foram preservados para as gerações futuras por um de seus dedicados alunos, o historiador Flávio Arriano. Arriano transcreveu meticulosamente em grego um número considerável de palestras de seu mestre para um amigo. Essas palestras, conhecidas como os *Discursos* (ou *Diatribes*), foram originalmente reunidas em oito livros, dos quais apenas quatro subsistiram até nossos dias. As palestras de Epicteto são uma das fontes mais importantes para compreendermos atualmente a filosofia estoica romana.

O *Manual* de Epicteto (ou *Enchiridion*) é um vigoroso conjunto de trechos selecionados dos *Discursos* que forma um resumo conciso da essência de seus ensinamentos. Foi de certa forma concebido de acordo com os manuais militares da época e por isso tem um pouco da simplicidade sem rodeios de clássicos como *A arte da guerra*. Na realidade, os soldados costumavam levar o *Manual* de Epicteto para as batalhas.

Através dos séculos e das culturas, grandes líderes, generais e pessoas comuns utilizaram o *Manual* como seu melhor guia na busca da serenidade individual e da orientação moral em meio às provações da vida.

Saiba distinguir entre o que você pode controlar e o que não pode

A felicidade e a liberdade começam com a clara compreensão de um princípio: algumas coisas estão sob nosso controle e outras não. Só depois de aceitar essa regra fundamental e aprender a distinguir entre o que podemos e o que não podemos controlar é que a tranquilidade interior e a eficácia exterior tornam-se possíveis.

Sob nosso controle estão as nossas opiniões, aspirações, nossos desejos e as coisas que nos causam repulsa ou nos desagradam. Essas áreas são justificadamente da nossa conta porque estão sujeitas à nossa influência direta. Temos sempre a possibilidade de escolha quando se trata do conteúdo e da natureza de nossa vida interior.

Fora de nosso controle, entretanto, estão coisas como o tipo de corpo que temos, se nascemos ricos ou se tiramos a sorte grande e enriquecemos de repente, a maneira como somos vistos pelos outros ou qual é a nossa posição na sociedade. Devemos lembrar que essas coisas são externas e, portanto, não dependem de nós. Tentar controlar ou mudar o que não podemos só resulta em aflição e angústia.

Lembre-se: as coisas sob nosso poder estão naturalmente à nossa disposição, livres de qualquer restrição ou impedimento. As que não estão, porém, são frágeis, sujeitas a dependência ou determinadas pelos caprichos ou ações dos outros. Lembre-se também do seguinte: se você achar que tem domínio total sobre coisas que estão naturalmente fora de seu controle, ou se tentar assumir as questões de outros como se fossem suas, sua busca será distorcida e você se tornará uma pessoa frustrada, ansiosa e com tendência a criticar os outros.

Ocupe-se apenas do que você pode controlar

Mantenha sua atenção inteiramente concentrada no que de fato lhe compete e tenha sempre em mente que aquilo que pertence aos outros é problema deles, e não seu. Se agir assim, estará imune a coações e ninguém o poderá reprimir. Será verdadeiramente livre e eficiente em suas ações, pois seus esforços serão canalizados para boas atividades, e não desperdiçados em críticas ou confrontos com outras pessoas.

Tendo conhecimento e dando atenção ao que de fato lhe compete, não será obrigado a realizar qualquer coisa contra sua vontade. Os outros não poderão feri-lo, você não fará inimigos nem será prejudicado.

Se o seu objetivo é viver de acordo com esses princípios, lembre-se de que não será fácil: você deverá abrir mão de algumas coisas e adiar outras. É possível que até mesmo precise privar-se de riquezas e poder se quiser atingir a felicidade e a liberdade.

Reconheça as aparências pelo que realmente são

De agora em diante pratique dizendo para tudo o que parecer desagradável: "Isto é só aparência e de modo algum o que parece ser." E, então, examine cuidadosamente a questão de acordo com os princípios que acabamos de considerar. Em primeiro lugar: "Esta aparência se refere às coisas que estão sob meu controle ou às que não estão?" Se a questão estiver relacionada com qualquer coisa fora de seu controle, treine a si mesmo para não se preocupar com ela.

Os desejos exigem sua realização

Nossos desejos e aversões são déspotas impacientes. Exigem satisfação imediata. Os desejos ordenam que nos apressemos para obter o que queremos. E as aversões insistem que evitemos aquilo que nos causa repulsa.

Todas as vezes que não conseguimos o que queremos, ficamos desapontados. Quando recebemos o que não queremos, ficamos angustiados.

Se, portanto, você procurar evitar apenas as coisas indesejáveis e contrárias ao seu bem-estar natural que estão sob seu controle, não estará sujeito ao que de fato não deseja. Entretanto, se tentar evitar coisas inevitáveis, como doenças, morte ou infortúnios, sobre as quais você não tem nenhum controle verdadeiro, causará sofrimento a si mesmo e aos que estão à sua volta.

Desejos e aversões, apesar de poderosos, não passam de hábitos. E podemos treinar para ter hábitos melhores. Reprima o hábito de sentir aversão por tudo aquilo que está fora de seu controle e, em vez disso, concentre-se em combater as coisas que estão ao seu alcance e que não são boas para você.

Faça o possível para ser dono de seus desejos. Porque, se você deseja algo que está fora de seu controle, sem dúvida o resultado será uma decepção. Enquanto isso, você poderá estar negligenciando as coisas que estão sob seu controle e que valem a pena desejar.

É claro que existem ocasiões em que, por questões práticas, você precisa correr atrás de alguma coisa e deixar outra de lado, mas faça isso com graça, inteligência e flexibilidade.

Veja as coisas como elas são

As circunstâncias não ocorrem para atender às nossas expectativas. Os fatos acontecem como têm de acontecer. As pessoas comportam-se de acordo com o que são. Acolha as coisas que de fato conseguir.

Abra os olhos: veja as coisas como elas são e preserve-se assim da dor causada pelos falsos apegos e os estragos evitáveis.

Pense no que lhe dá prazer: os instrumentos, sejam quais forem, de que você depende, as pessoas que lhe são caras. Mas lembre-se de que cada uma delas tem caráter próprio, separado, independentemente da maneira como as vemos.

Como exercício, pense nas menores coisas às quais você está ligado. Por exemplo, vamos supor que você tenha uma xícara favorita. É, afinal de contas, apenas uma xícara e, caso ela se quebre, você pode lidar com o fato. Em seguida, passe para coisas mais importantes – ou pessoas – às quais você se sente mais apegado.

Lembre-se sempre, por exemplo, quando abraçar seu filho, seu marido ou sua mulher, de que está abraçando um ser mortal. Assim, se um deles morrer, você será capaz de suportar a dor da perda com maior serenidade.

Quando algo acontece, a única coisa que está em seu poder é sua atitude com relação ao fato. Suas alternativas são a aceitação ou o ressentimento.

O que realmente nos assusta e desanima não são os acontecimentos externos em si, mas a maneira como pensamos a respeito deles. Não são as coisas que nos perturbam, mas a forma como interpretamos seu significado.

Pare de se atemorizar com noções irrefletidas, reações impulsivas e com suas impressões sobre como as coisas são!

As pessoas e as coisas não são como desejamos que sejam nem o que parecem ser. São aquilo que são.

Harmonize suas ações com a maneira como a vida é

Não tente fazer suas próprias regras. Comporte-se, em todas as questões, grandes e públicas, pequenas e domésticas, de acordo com as leis da natureza. Harmonizar sua vontade com a natureza deveria ser o seu maior ideal.

Onde você pode praticar esse ideal? Nos detalhes de sua vida diária, com suas tarefas e seus deveres pessoais e específicos. Quando realizar essas tarefas, tais como tomar banho, por exemplo, faça-o, tanto quanto lhe for possível, em harmonia com a natureza. Quando comer, tanto quanto lhe for possível, faça-o em harmonia com a natureza. E assim por diante.

O que fazemos é menos importante do que a maneira como o fazemos. Quando compreendemos realmente esse princípio e vivemos de acordo com ele, embora as dificuldades continuem a surgir – já que também são parte da ordem divina –, ainda assim será possível ter paz interior.

Não são os acontecimentos que nos ferem, mas a visão que temos deles

As coisas em si não nos ferem ou nos criam obstáculos. Nem as outras pessoas. A questão está na forma como as encaramos. São nossas atitudes e reações que nos criam problemas.

Sendo assim, até a morte deixa de ser tão importante. É a nossa noção da morte, a ideia que fazemos dela que é terrível, que nos aterroriza. Existem muitas maneiras de pensar na morte. Examine suas noções a respeito da morte – e também sobre tudo o mais. Essas noções são de fato verdadeiras? Fazem algum bem a você? Não tema a morte ou a dor, tema o medo da morte ou da dor.

Não podemos escolher as circunstâncias externas de nossa vida, mas sempre podemos escolher a maneira como reagimos a elas.

Se não há vergonha, não há culpa

Se são os nossos sentimentos sobre as coisas o que de fato nos atormenta, e não as coisas em si, conclui-se que culpar os outros é tolice. Portanto, quando sofrermos reveses, perturbações ou desgostos, não culpemos jamais os outros, mas nossas próprias atitudes.

As pessoas mesquinhas geralmente atribuem aos outros a culpa por seus sofrimentos. As pessoas comuns atribuem a culpa a si mesmas. Aquelas que se dedicam a viver uma vida de sabedoria compreendem que o impulso de atribuir culpa a alguém ou a alguma coisa não passa de tolice e que não se ganha nada culpando seja quem for, os outros ou nós mesmos.

Um dos sinais que indicam o início do progresso moral é a extinção gradual da culpa. Passamos a ver como é inútil fazer acusações. Quanto mais examinamos nossas atitudes e trabalhamos o nosso íntimo, menos estamos sujeitos a ser assolados por tempestuosas reações emocionais nas quais buscamos explicações fáceis para aquilo que nos acontece.

As coisas são simplesmente o que são. As outras pessoas que pensem o que quiserem, não é da nossa conta.

Se não há vergonha, não há culpa.

Crie seu próprio mérito

Nunca dependa da admiração dos outros. Não há força nisso. O mérito pessoal não pode derivar de uma fonte externa. Não é encontrado nos relacionamentos pessoais nem na consideração de outras pessoas. É um fato da vida que os outros, mesmo aqueles que o amam, não concordem necessariamente com suas ideias nem o compreendam ou partilhem seus motivos de entusiasmo. Cresça! Não é importante o que os outros pensam de você!

Crie o *seu* próprio mérito.

O mérito pessoal não pode ser adquirido pelo nosso relacionamento com pessoas de mérito. Você recebeu um papel a desempenhar e um trabalho a cumprir. Faça-o bem agora, dê o melhor de si e não se preocupe com quem o está observando.

Faça o seu trabalho sem se importar com as honrarias ou a admiração que vêm dos outros. Não existe mérito indireto.

A excelência e os triunfos das outras pessoas pertencem a elas. Da mesma forma, as coisas que você possui podem ser excelentes, mas sua excelência pessoal não deriva delas.

Pense nisto: o que é realmente seu, o que de fato lhe pertence? É o uso que você faz das ideias, dos recursos e das oportunidades que cruzam o seu caminho. Você tem livros? Leia-os. Aprenda com eles. Aplique a sabedoria que está contida neles.

Você possui conhecimentos especializados? Faça bom e pleno uso deles. Você tem ferramentas? Vá buscá-las e construa ou conserte coisas com elas. Você tem uma boa ideia? Persiga-a e leve-a até o fim. Tire o maior proveito possível daquilo que você tem, do que é seu de verdade.

Você ficará merecidamente feliz e à vontade consigo mesmo quando harmonizar suas ações com a natureza reconhecendo o que é verdadeiramente seu.

Concentre-se em sua principal obrigação

Existem tempo e lugar certos para diversão e distração, mas nunca permita que elas se sobreponham aos seus verdadeiros objetivos pessoais. Se você estivesse viajando e o navio ancorasse em uma enseada, você poderia ir a terra em busca de água e no caminho parar para pegar uma concha ou colher uma planta. Mas precisaria ter cuidado e ouvir o chamado do capitão, manter-se atento ao navio. Distrair-se com bobagens é a coisa mais fácil do mundo. Se o capitão chamasse, você teria de estar pronto para deixar de lado essas distrações e voltar correndo, talvez até sem tempo de olhar para trás.

Se você não for jovem, não se afaste muito do navio ou poderá não ter tempo de chegar lá quando o chamarem.

Aceite os acontecimentos à medida que ocorrem

Não exija nem espere que os acontecimentos ocorram de acordo com suas expectativas. Aceite-os quando eles realmente ocorrerem. Dessa forma, a paz torna-se possível.

Sua vontade está sempre sob seu poder

Nada pode de fato fazê-lo parar. Nada pode realmente impedi-lo de prosseguir. Porque sua vontade está sempre sob seu controle.

A doença pode desafiar seu corpo. Mas será que você é só um corpo? Suas pernas podem estar incapazes de andar. Mas você não é somente um par de pernas. Sua vontade é maior do que as suas pernas.

Sua vontade não precisa necessariamente ser afetada por algum incidente, *a menos* que você permita. Lembre-se disso com relação a tudo o que acontece com você.

Utilize integralmente o que acontece com você

Cada dificuldade na vida nos oferece uma oportunidade para nos voltarmos para dentro de nós mesmos e recorrermos aos nossos recursos interiores escondidos ou mesmo desconhecidos. As provações que suportamos podem e devem nos revelar quais são as nossas forças.

As pessoas prudentes enxergam além do incidente em si e procuram criar o hábito de utilizá-lo da maneira mais saudável.

Quando houver um acontecimento imprevisto, não reaja impensadamente: volte-se para seu íntimo e pergunte a si mesmo de que recursos dispõe para lidar com aquilo. Mergulhe fundo. Você possui forças que provavelmente desconhece. Encontre a que necessita nesse momento. Use-a.

Se está diante de uma pessoa sedutora, o recurso necessário é o autodomínio. Se o momento é de dor ou fraqueza, use a sua capacidade de resistência. Se você sofreu uma agressão verbal, recorra à paciência.

Com o passar do tempo e a consolidação do hábito de combinar o recurso interior adequado com cada incidente, a sua tendência para ser levado pelas aparências da vida pouco a pouco vai desaparecer. Desaparecerá a sensação de estar sendo dominado, oprimido pelos fatos o tempo todo.

Cuide daquilo que você tem agora

Nada pode ser realmente tomado de nós. Não há nada a perder. A paz interior começa quando, em vez de dizer a respeito das coisas "Perdi isto", começamos a afirmar "Isto voltou para o lugar de onde veio". Seus filhos morreram? Eles voltaram para o lugar de onde vieram. Sua companheira morreu, seu companheiro morreu? Eles voltaram para o lugar de onde vieram. Seus bens e propriedades foram tirados de você? Isso também voltou para o lugar de onde veio.

Talvez você esteja aborrecido porque uma pessoa mal-intencionada levou o que lhe pertencia. Entretanto, por que sofrer quando o que você recebeu do mundo está sendo devolvido a ele?

O importante é ter grande cuidado com o que você possui enquanto o mundo permite que o tenha, do mesmo modo como o viajante cuida do que está dentro do quarto que ocupa numa hospedaria.

A boa vida é a vida com serenidade interior

O indício mais seguro de uma vida superior é a serenidade. O progresso moral resulta do fato de você se ver livre do tumulto interior. Você deixa de se impacientar com cada coisa que acontece.

Se você busca uma vida superior, abstenha-se de padrões comuns de pensamento tais como: "Se eu não trabalhar com mais empenho, nunca terei uma renda razoável, ninguém me respeitará, não serei ninguém na vida." Ou: "Se eu não repreender meu empregado, ele se aproveitará de minha boa vontade."

É preferível morrer de fome mas livre de desgostos e medos a viver na abundância atormentado por preocupações, temores, desconfianças e desejos incontroláveis.

Inicie de imediato um programa de autodomínio. Mas comece com moderação, com as pequenas coisas que o incomodam. Seu filho derramou alguma coisa no chão? Você não encontrou a sua carteira? Diga a si mesmo: "Lidar calmamente com este aborrecimento é o preço que pago para ter minha serenidade interior, para livrar-me de perturbações. Não se consegue nada de graça."

Quando você chamar seu filho, prepare-se para não ser ouvido ou, se for, para constatar que ele não fez o que você queria. Se isso acontecer, ficar agitado não ajuda seu filho em nada. Ele não deveria ter o poder de lhe causar qualquer perturbação.

Não faça caso do que não é da sua conta

O progresso espiritual exige que ressaltemos o que é essencial e deixemos de lado todas as outras coisas como ocupações banais que não merecem nossa atenção. Além disso, é até bom ser considerado tolo ou ingênuo com relação àquilo que não nos compete. Não se preocupe com a opinião das outras pessoas a seu respeito. Elas estão fascinadas e iludidas pelas aparências. Mantenha-se firme em seu propósito. Só isso poderá fortalecer a sua vontade e dar coerência à sua vida.

Evite tentar conquistar a aprovação e a admiração dos outros. Lembre-se de que você está em busca de um caminho mais elevado. Não deseje que eles o vejam como uma pessoa sofisticada, incomparável ou sábia. Na realidade, desconfie se for visto pelos outros como alguém especial. Fique alerta para não adquirir um falso sentimento de autoimportância.

Manter sua vontade em harmonia com a verdade e preocupar-se com o que está além de seu controle são princípios mutuamente exclusivos. Enquanto estiver absorvido por um deles, você irá obrigatoriamente negligenciar o outro.

Adapte seus desejos à realidade

Seja isso bom ou ruim, a vida e a natureza são governadas por leis que não podemos mudar. Quanto mais cedo aceitarmos esse fato, mais tranquilos seremos. Seria tolice desejar que seus filhos, ou seu marido, ou sua mulher, vivam para sempre. Eles são mortais, assim como você, e a lei da mortalidade está completamente fora de nossas mãos.

Da mesma forma, é tolice desejar que um empregado, um parente ou um amigo não tenha defeitos. Isso é desejar controlar algo que indiscutivelmente foge ao seu controle.

Está dentro de nossa área de controle não sermos desapontados por nossos desejos se lidarmos com eles de acordo com os fatos em vez de nos deixarmos atropelar por eles.

Em última análise, somos controlados por aquilo que concede o que buscamos ou remove o que não queremos. Se é liberdade o que você procura, então não deseje nada e rejeite tudo que depende dos outros. Caso contrário, será sempre um escravo indefeso.

Procure compreender o que é realmente a liberdade e como ela é alcançada. A liberdade não é o direito ou a capacidade de fazer o que se quer. Ela vem da compreensão dos próprios limites e dos limites naturais estabelecidos pela providência divina. Ao aceitar os limites e as inevitabilidades da vida e ao trabalhar com eles em vez de lutar contra eles, nos tornamos livres. Se, por outro lado, sucumbimos a nossos desejos passageiros por coisas que não estão sob nosso controle, a liberdade está perdida.

Encare a vida como um banquete

Pense em sua vida como se ela fosse um banquete em que você precisasse se comportar com elegância. Quando lhe passarem as travessas, pegue-as e sirva-se de quantidades moderadas. Se uma travessa não lhe for passada, saboreie o que já está no seu prato. Ou, se a travessa ainda não chegou a suas mãos, espere pacientemente a sua vez.

Mantenha essa mesma atitude de contenção e gratidão delicadas no trato com seus filhos, cônjuge, carreira e finanças. Não há necessidade de ansiar por alguma coisa, invejar ou apoderar-se seja do que for. Você receberá sua devida porção quando chegar a sua vez.

Diógenes e Heráclito foram modelos impecáveis de pessoas que viveram de acordo com esses princípios em vez de se deixarem levar por impulsos desprezíveis. Tenha como objetivo imitar o valioso exemplo deles.

Evite adotar os pontos de vista negativos de outras pessoas

Os pontos de vista e os problemas das outras pessoas podem ser contagiosos. Não pratique sabotagem contra si próprio adotando inconscientemente atitudes negativas e improdutivas pelo seu contato com os outros.

Se você encontrar um amigo deprimido, um parente angustiado ou um colega de trabalho que passou por uma repentina mudança de sorte, tenha cuidado para não se sobrecarregar com o aparente infortúnio. Lembre-se de que você deve saber distinguir entre os acontecimentos e a sua interpretação deles. Pense assim: "O que faz essa pessoa sofrer não é o acontecimento em si, pois outra pessoa poderia não ser nem um pouco afetada por essa situação. O que a faz sofrer é a maneira de reagir que ela irrefletidamente adotou."

Acompanhar as pessoas que estimamos em obstinadas manifestações de sentimentos negativos não é uma demonstração de bondade ou amizade. Prestamos melhor serviço a nós mesmos e aos outros mantendo-nos desapegados e evitando reações melodramáticas.

Ainda assim, quando você estiver conversando com alguém que esteja deprimido, magoado ou frustrado, demonstre-lhe bondade e gentileza e ouça com simpatia seu desabafo. Só não se deixe levar também pela depressão.

Desempenhe bem o papel que lhe foi dado

Somos como atores em uma peça de teatro. A vontade divina designou um papel para cada um de nós sem nos consultar. Alguns atuarão em peças curtas, outros em longas. Podemos ser chamados a desempenhar o papel de uma pessoa pobre, de um deficiente físico, de uma eminente celebridade, de um líder político ou de um simples cidadão comum.

Apesar de não estar sob nosso controle determinar o tipo de papel que nos é atribuído, cabe-nos representar a nossa parte da melhor maneira possível e procurar não reclamar dela. Onde quer que você esteja e quaisquer que sejam as circunstâncias, procure apresentar um desempenho impecável.

Se o seu papel é de leitor, leia. Se é de escritor, escreva.

Tudo tem um bom motivo para acontecer

Você se torna aquilo em que pensa. Evite atribuir supersticiosamente aos acontecimentos poderes ou significados que eles não possuem. Mantenha a cabeça firme. Nossa mente ocupada está sempre tirando conclusões, inventando e interpretando sinais que não existem de fato.

Assuma, em vez disso, que tudo o que lhe acontece tem um bom motivo para acontecer. Que, se você decidiu ter sorte, você terá. Todos os acontecimentos lhe trarão algo vantajoso – se você quiser procurar!

A felicidade só pode ser encontrada dentro de nós

A liberdade é o único objetivo que tem valor na vida. Nós a conquistamos deixando de lado as coisas que estão fora de nosso controle. Não podemos ter o coração leve se nossa mente é um poço lastimável de medos e ambições.

Você quer ser invencível? Então não lute com aquilo sobre o qual você não tem verdadeiro controle. Sua felicidade depende de três coisas que estão todas sob seu poder: sua vontade, suas ideias a respeito do acontecimento em que está envolvido e o uso que você faz de suas ideias.

A autêntica felicidade é sempre independente de condições externas. Pratique com o maior zelo a indiferença às condições externas. Sua felicidade só pode ser encontrada interiormente.

Como é fácil ficarmos deslumbrados e sermos iludidos pela eloquência, pelos altos cargos e pelos títulos acadêmicos, pelas grandes honrarias, pelos objetos elegantes, pelas roupas caras e pelas atitudes envolventes! Não cometa o erro de supor que as celebridades, as figuras públicas, os líderes políticos, os ricos ou as pessoas com grandes dotes intelectuais ou artísticos são necessariamente felizes. Supor tal coisa seria estar desnorteado pelas aparências e o levaria a duvidar de si mesmo.

Lembre-se: a verdadeira essência do bem só pode ser encontrada nas coisas que estão sob seu controle. Se você tiver sempre isso em mente, ficará muito menos vulnerável à falsa inveja ou à sensação de abandono comparando-se desprezivelmente aos outros e às suas realizações.

Pare de aspirar a ser outra coisa além do melhor de você mesmo. Porque isso está sob seu controle.

Ninguém pode ferir você

As pessoas não têm o poder de ferir você. Mesmo que alguém o agrida verbal ou fisicamente, mesmo que seja insultado, você pode escolher encarar o que está acontecendo como insulto ou não. Se alguém o irrita, a única coisa capaz de irritá-lo é a sua própria reação. Portanto, quando aparentemente alguém estiver provocando você, lembre-se de que é apenas sua avaliação do incidente que causa essa sensação. Não deixe que suas emoções sejam desencadeadas por meras aparências.

Tente simplesmente não reagir no momento. Afaste-se da situação. Procure ter dela uma visão mais ampla. Recomponha-se.

Conquista-se o progresso espiritual enfrentando a morte e as calamidades

Em vez de desviar os olhos dos acontecimentos dolorosos da vida, olhe para eles diretamente e contemple-os com frequência. Enfrentando a realidade da morte, das enfermidades, das perdas e das decepções, você se liberta de ilusões e falsas esperanças e evita pensamentos mesquinhos de inveja.

Implante em si mesmo os ideais que você deve prezar

Apegue-se ao que é espiritualmente superior sem fazer caso do que as outras pessoas pensam ou fazem. Mantenha-se fiel às suas verdadeiras aspirações, não importa o que esteja acontecendo em torno de você.

A busca da sabedoria atrai críticas

Aqueles que buscam uma vida de sabedoria mais elevada, que procuram viver de acordo com princípios espirituais, devem estar preparados para serem ridicularizados e condenados.

Certas pessoas que, com o tempo, baixaram seus padrões pessoais tentando conquistar a aceitação social e as comodidades da vida sentem-se profundamente ameaçadas por aqueles que demonstram uma tendência filosófica, que se recusam a comprometer seus ideais espirituais e buscam aprimoramento. Não deixe que essas almas pequenas sejam uma referência em sua vida. Tenha compaixão delas, mas se mantenha firme no que você sabe ser o seu bem.

Quando você iniciar seu programa de progresso espiritual, é possível que as pessoas mais próximas caçoem de você ou o acusem de estar sendo arrogante.

Cabe a você comportar-se com humildade e seguir com rigor e persistência seus ideais morais. Mantenha-se fiel ao que você sabe, no fundo de seu coração, ser o melhor. Se você se mostrar inabalável, as próprias pessoas que o ridicularizaram passarão a admirá-lo.

Se você permitir que as opiniões mesquinhas dos outros o influenciem a ponto de fazê-lo vacilar em seus propósitos, terá dois motivos para se envergonhar.

Procurar agradar é uma armadilha perigosa

Ao tentar agradar outras pessoas, corremos o risco de nos desviarmos para o que está fora de nossa esfera de influência. Agindo assim, perdemos o domínio sobre o propósito de nossa vida.

Contente-se em ser alguém que ama a sabedoria, que busca a verdade. Volte quantas vezes for necessário para o que é essencial e valioso.

Não tente parecer sábio aos olhos dos outros.

Se quer viver uma vida de sabedoria, viva de acordo com suas condições e procure ser sábio aos próprios olhos.

Caráter é mais importante que reputação

A preocupação e o medo são uma perda de tempo e não servem de bom exemplo para os outros. Isso é especialmente verdadeiro quando se trata de nossa influência e reputação. Por que viver com medo de coisas como não ser reconhecido publicamente em sua profissão ou em sua comunidade? Ou não conseguir obter as oportunidades e benefícios que os outros conseguiram?

Deixe de se incomodar com ideias como "As pessoas pensam mal de mim" e "Não sou ninguém". Mesmo que sua reputação precisasse ser levada em conta, você não é responsável pelo que os outros pensam a seu respeito. Que diferença faz realmente para seu caráter e bem-estar se você tem uma posição importante ou se é convidado para festas elegantes? Nenhuma. Então, como pode haver algum descrédito em não ser um executivo poderoso ou uma celebridade? E por que se preocupar em não ser alguém famoso ou conhecido quando o que interessa é ser alguém nos setores da sua vida sobre os quais você tem controle, nos quais você pode de fato atuar?

"Mas sem renome nem poder não serei capaz de ajudar meus amigos", você poderia argumentar. É verdade que você não poderá facilitar-lhes o acesso ao dinheiro ou às antessalas do poder. Mas quem é que realmente espera que você dê essa ajuda, e não que ela venha de outros? Como se pode esperar que alguém dê algo que não possui? "Mesmo assim, seria ótimo ter dinheiro e poder para partilhá-los com meus amigos." "Se posso ficar rico e poderoso preservando ao mesmo tempo minha dignidade, a fidelidade à minha família, aos meus amigos, aos meus princípios, e mantendo o autorrespeito, mostre-me como fazê-lo e eu o farei. Porém, se tiver que sacrificar minha integridade pessoal, é estupidez e tolice insistir comigo." Além do mais, se você tivesse que escolher entre ter muito dinheiro e ter um amigo leal e honrado, qual seria a sua escolha? "É melhor você me ajudar a ser uma boa pessoa do que me obrigar a fazer coisas que ameacem a integridade do meu caráter."

"E quanto às minhas obrigações para com o meu país?" O que você quer dizer com isso? Se você se refere a grandes doações para caridade, a construir prédios elegantes, será que realmente a questão é essa? Um carpinteiro não fabrica sapatos e um sapateiro não fabrica móveis. Já é suficiente que cada um faça bem-feito o seu próprio trabalho. "E se outra pessoa fizesse a mesma coisa que eu?" Seria ótimo. Isso não tornaria a sua contribuição menos valiosa. "Mas e quanto à minha posição na sociedade?", você poderia perguntar. Qualquer posição que você ocupe preservando sua honra e a fidelidade às suas obrigações será ótima. Mas, se o seu desejo de contribuir para a sociedade comprometer sua responsabilidade moral, como poderá servir a seus compatriotas sendo irresponsável e indigno?

É melhor ser uma pessoa de caráter que cumpre suas obrigações do que ter renome e poder.

Todos os benefícios têm seu preço

Alguém está desfrutando dos privilégios, oportunidades e honrarias que você almeja? Se os benefícios que a outra pessoa conseguiu são realmente valiosos, alegre-se por ela desfrutar deles. É a vez dela. Se, pelo contrário, os benefícios acabarem não se mostrando vantajosos, não se perturbe por não terem vindo para você.

Lembre-se: você nunca receberá as mesmas recompensas que os outros recebem sem empregar os mesmos métodos que eles e fazer o mesmo investimento de tempo que fizeram. É insensato pensar que podemos receber recompensas sem estarmos dispostos a pagar o verdadeiro preço por elas. Aqueles que "ganharam" alguma coisa não têm de fato nenhuma vantagem sobre você porque tiveram que pagar um preço pela recompensa.

Cabe sempre a nós escolher se queremos ou não pagar o preço pelas recompensas da vida. E, muitas vezes, é melhor para nós não pagar esse preço, pois ele pode ser o da nossa integridade. Poderíamos ser obrigados a elogiar alguém que não respeitamos.

Torne sua a vontade da natureza

Aprenda sobre a vontade da natureza. Estude-a, preste atenção nela e, então, torne-a sua.

As experiências diárias comuns a todas as pessoas nos ajudam a entender melhor o que é a vontade da natureza. Por exemplo, se uma criança da casa vizinha quebra uma xícara, dizemos prontamente "Essas coisas acontecem". Mas, se uma xícara é quebrada em nossa casa, não reagimos da mesma maneira.

Transfira essa compreensão para questões de maior significado emocional e importância temporal. O filho, cônjuge ou outro ente querido morreu? Nessas circunstâncias, ninguém diria: "É o ciclo da vida. A morte acontece. Algumas coisas são inevitáveis."

Se morre um filho nosso ou alguém que amamos, nossa tendência é nos lamentarmos: "Ai de mim! Que desgraça me aconteceu!"

Lembre-se do que você sente quando ouve outras pessoas dizerem a mesma coisa. Transfira esse sentimento para cada uma de suas circunstâncias do momento. Aprenda com as leis da natureza a aceitar os acontecimentos, até mesmo a morte, com inteligência.

O autodomínio é a nossa verdadeira meta

O mal não é um elemento natural no mundo, nos acontecimentos ou nas pessoas. O mal é um subproduto da negligência, da preguiça, da distração: surge quando perdemos de vista nossa verdadeira meta na vida.

Quando lembramos que nossa meta é o progresso espiritual, voltamos a nos empenhar em nosso aprimoramento pessoal e mantemos o mal a distância. E é assim que se conquista a felicidade.

Preze a sua mente, cuide bem da sua razão, aferre-se ao seu propósito

Não renuncie à integridade da sua mente. Se alguém desse o seu corpo para um passante qualquer, você naturalmente ficaria furioso.

Por que, então, você não sente vergonha em entregar sua preciosa mente a qualquer pessoa que queira influenciá-lo? Pense duas vezes antes de abrir mão da integridade de sua mente para alguém que talvez mais tarde venha a ofendê-lo, deixando-o confuso e perturbado.

Examine o que vem primeiro, depois o que vem em seguida, e só então comece a agir

Cultive o hábito de examinar e testar uma provável ação futura antes de realizá-la. Antes de proceder, recue e procure enxergar o quadro completo para evitar agir por impulso e arriscadamente. Determine o que acontecerá primeiro, considere aonde a primeira etapa o levará e então aja de acordo com o que você aprendeu.

Quando agimos sem ponderação, podemos até começar uma tarefa com grande entusiasmo. Seguem-se então consequências imprevistas ou indesejadas e batemos vergonhosamente em retirada, tomados pelo remorso: "Eu deveria ter feito isto, eu poderia ter feito aquilo, quem sabe se eu tivesse feito de outra maneira..."

Suponhamos que você queira ganhar uma medalha nos Jogos Olímpicos. É ótimo, mas pense bem em que você está se envolvendo. O que um desejo desses pressupõe? O que tem de acontecer primeiro? E em seguida? O que será exigido de você? E o que virá em consequência disso? Será que toda essa linha de ação vai ser realmente benéfica para você? Se a resposta for positiva, vá em frente.

Se você deseja uma vitória nos Jogos Olímpicos, para se preparar de forma adequada terá de seguir uma disciplina rigorosa que o levará aos limites de sua resistência. Terá de se submeter a regras severas, seguir uma dieta apropriada, exercitar-se intensamente em horários regulares sob frio ou calor, não beber, não fumar. Deverá seguir as instruções de seu treinador como se ele fosse seu médico. Então, quando estiver de fato competindo, haverá sempre o risco de ser eliminado. Poderá machucar um braço, ter uma distensão, cair com o rosto na terra. E, depois de passar por tudo isso, ainda poderá ser derrotado por outro atleta.

Após ter examinado todas essas possibilidades – consciente de tudo o que pode acontecer e de todas as consequências –, se sua resolução ainda se mantiver forte, chegará o momento de exercer sua capacidade de julgamento. Se o quadro geral ainda lhe parecer vantajoso, então você deve mesmo participar dos Jogos Olímpicos – com todo o entusiasmo.

Ao analisar o panorama completo da situação, você se distingue do mero diletante, daquela pessoa que participa das coisas porque elas lhe parecem interessantes ou não exigem grande esforço. Não é uma atitude nobre. Analise bem as coisas, decida-se e então empenhe-se de corpo e alma! Senão você será sempre como uma criança, que às vezes finge ser um guerreiro, outras vezes um soldado, um músico, um ator representando uma tragédia, sempre brincando, sem levar nada a sério.

A menos que nos entreguemos de coração a nossos empreendimentos, nós nos tornamos pessoas vazias, superficiais e nunca desenvolvemos nossos talentos naturais. Todos conhecemos pessoas que, como macacos, imitam tudo o que parece ser novidade no momento, tudo o que chama atenção. Mas logo seu entusiasmo e seus esforços esmorecem e elas abandonam seus projetos assim que eles viram rotina ou as exigências aumentam.

Um espírito indiferente não tem vigor. Esforços experimentais levam a resultados experimentais. As pessoas comuns mergulham de cabeça, sem cuidado, em seus projetos. Talvez um dia encontrem uma figura exemplar que as inspire a buscar a excelência. Buscar a excelência é sempre louvável, mas reflita primeiro sobre a natureza de suas aspirações e confronte-as com sua capacidade.

Seja honesto consigo mesmo. Avalie claramente seus pontos fortes e seus pontos fracos. Você possui o que é preciso no momento para competir? Para ser um lutador, por exemplo, é necessário ter uma força extraordinária nos ombros, nas costas e nas coxas. Você tem aptidão física e agilidade para estar entre os melhores desse esporte? Uma coisa é desejar ser um campeão ou fazer algo com habilidade. Outra é fazê-lo realmente e com habilidade consumada. Pessoas diferentes são feitas para coisas diferentes.

Não só é preciso ter certas habilidades para obter sucesso em determinadas áreas como é preciso também fazer alguns sacrifícios. Se você deseja tornar-se competente na arte de viver com sabedoria, será que pensa que pode comer e beber em excesso? Pensa que pode continuar a se entregar à raiva e a seus acessos habituais de frustração e depressão? Não. Se o seu objetivo é a verdadeira sabedoria e você é sincero, terá um trabalho a fazer em você mesmo. Terá de superar muitos anseios pouco saudáveis e reações impulsivas. Terá de reavaliar as pessoas com quem você se relaciona. Será que seus amigos e sócios ou companheiros de trabalho são pessoas dignas? A influência deles – seus hábitos, valores e comportamento – faz você melhorar como pessoa ou estimula os maus hábitos dos quais você quer se livrar? Viver com sabedoria, como qualquer outra coisa, exige que se pague um preço. Ao procurar viver sabiamente, você pode ser ridicularizado e até mesmo levar a pior em vários aspectos de sua vida, incluindo sua carreira, sua posição social e sua situação perante a lei.

Uma vez tendo ponderado sobre todos os detalhes fundamentais que compõem o esforço de viver uma vida mais elevada, siga em frente com todo o seu empenho. Faça os sacrifícios necessários que são o preço do objetivo mais precioso: liberdade, equilíbrio da mente e tranquilidade. Se, todavia, ao analisar com honestidade seu ânimo e sua índole, você não se considerar apto ou preparado, procure não se iludir e estabeleça um rumo diferente e mais realista para a sua vida.

Se você tentar ser algo que não é ou lutar por alguma coisa além de sua capacidade no momento, acabará como o patético diletante que tenta ser primeiro uma pessoa sábia, depois um burocrata, depois um político, depois um líder popular. Esses papéis são inconciliáveis. Não podemos ficar esvoaçando para várias direções, por mais atraentes que sejam, e ao mesmo tempo viver uma vida integral e proveitosa.

Só se pode ser uma única pessoa: ou boa ou ruim. Você tem duas opções básicas. Ou empenhar-se em desenvolver sua razão, mantendo-se fiel à verdade, ou ansiar por exterioridades. A escolha é sua e de ninguém mais. Pode aplicar suas habilidades em um trabalho interior ou perder-se nas aparências, o que vale dizer: ser uma pessoa plena de sabedoria ou seguir os caminhos comuns aos medíocres.

Nossos deveres revelam-se através de nossas relações interpessoais

Você não é uma entidade isolada, mas uma parte única e insubstituível do cosmo. Não se esqueça disso. Você é uma peça fundamental no quebra-cabeça da humanidade. Cada um de nós é uma porção da vasta, intricada e perfeitamente ordenada comunidade humana. Porém, onde é que você se encaixa nessa teia da humanidade? A quem você está ligado?

Procure verificar quais são as pessoas a quem você está ligado e busque compreender as suas ligações com elas. Nós nos situamos de maneira correta dentro do esquema cósmico quando identificamos nossas relações naturais com os outros e a partir daí definimos nossos deveres. Esses deveres emergem naturalmente dessas relações fundamentais, como as familiares, as de vizinhança, as do local de trabalho e da cidade ou país em que vivemos. Desenvolva o hábito de examinar os papéis que você desempenha – de pai ou mãe, filho ou filha, vizinho, cidadão, líder – e os deveres naturais que se originam desses papéis. Ao saber quem você é e a quem está ligado, saberá o que fazer.

Se existe, por exemplo, um homem que é seu pai, algumas exigências práticas e emocionais resultam disso. O fato de ele ser seu pai implica uma ligação básica e duradoura entre os dois. Você é naturalmente obrigado a sentir afeto por ele, ouvir seus conselhos, escutar com paciência os seus pontos de vista e respeitar sua orientação.

No entanto, vamos supor que ele não seja um bom pai. Talvez seja tolo e pretensioso, ignorante, grosseiro e tenha opiniões bem diferentes das suas. Será que a natureza dá a todo mundo um pai ideal, ou dá simplesmente um pai? Quando se trata de seu dever fundamental como filha ou filho, seja qual for o caráter de seu pai, sejam quais forem sua personalidade e seus hábitos, tudo isso é secundário. A ordem divina não designa pessoas ou circunstâncias de acordo com o nosso gosto ou a nossa preferência. Quer você o considere agradável ou não, esse homem, afinal de contas, é seu pai e você deve seguir todas as suas obrigações filiais.

Suponhamos que você tenha uma irmã ou um irmão que não o trate bem. Que diferença isso faz? Permanece o imperativo moral de reconhecer e manter seu dever fraterno fundamental para com ela ou ele. Concentre-se não no que o outro faz, mas em seguir seus princípios pessoais mais elevados. Sua meta pessoal deve ser a de buscar a harmonia com a própria natureza. Esse é o verdadeiro caminho para a liberdade. Deixe que os outros se comportem como quiserem, pois, seja como for, isso não está sob seu controle e, portanto, não é da sua conta. Compreenda que a natureza como um todo está ordenada de acordo com a razão, mas que nem tudo na natureza é razoável.

Quando procuramos agir fielmente como pessoas sensatas e decentes, buscando conformar nossos atos e intenções à vontade divina, não nos sentimos vitimados pelas palavras ou atitudes dos outros. Na pior das hipóteses, essas palavras ou atitudes nos parecem cômicas ou lamentáveis.

Exceto no caso de séria agressão física, as outras pessoas não podem ferir você, a menos que permita. E isso se aplica até mesmo quando o agressor é seu pai ou mãe, irmão, irmã, professor ou patrão. Não consinta em ser ferido e não o será – essa é uma opção que está sob seu controle.

A maioria das pessoas costuma iludir-se pensando que liberdade consiste em fazer o que é agradável ou o que proporciona conforto e facilidade. A verdade é que aqueles que subordinam a razão a seus sentimentos do momento são na realidade escravos de seus desejos e aversões. Não estão preparados para agir de forma digna e eficaz quando ocorrem desafios inesperados, como é inevitável acontecer.

A liberdade autêntica nos impõe certas exigências. Ao descobrir e assimilar nossas relações fundamentais com os outros e ao desempenhar com entusiasmo nossos deveres, a liberdade verdadeira, que todos anseiam ter, torna-se realmente possível.

A essência da fidelidade

A essência da fidelidade está, antes de tudo, em manter opiniões e atitudes corretas com relação ao Supremo, ao Elementar. Lembre-se de que a ordem divina é inteligente e fundamentalmente boa. A vida não é uma série de episódios aleatórios e sem sentido, mas um todo ordenado e refinado que segue leis em última análise compreensíveis.

A vontade divina existe e dirige o Universo com justiça e bondade. Embora isso nem sempre seja aparente se olharmos apenas para a superfície das coisas, o Universo que habitamos é o melhor dos universos.

Reafirme a sua resolução de contar com a justiça, a bondade e a ordem e elas lhe serão cada vez mais reveladas em todos os setores de sua vida. Confie na existência de uma inteligência divina cujas intenções dirigem o Universo. Faça com que o seu objetivo máximo seja nortear sua vida de acordo com a vontade da ordem divina.

Quando procuramos adaptar nossas intenções e ações à ordem divina, não nos sentimos perseguidos, indefesos, confusos ou ressentidos diante das circunstâncias desagradáveis de nossa vida. Nós nos sentimos cheios de força, determinação e segurança.

A fidelidade não pressupõe uma crença cega. Ela consiste em praticar com constância o princípio de se afastar das coisas que não estão sob nosso controle, deixando-as evoluírem de acordo com o sistema natural de responsabilidades. Pare de tentar antecipar-se aos acontecimentos ou controlá-los. Em vez disso, aceite-os com boa vontade e inteligência.

Será impossível manter-se fiel ao propósito estabelecido se você se deixar levar pela noção de que as coisas que estão fora de seu poder são inerentemente boas ou más. Quando isso acontece, cria-se o hábito de atribuir aos fatores externos a culpa por nosso destino e ficamos perdidos em uma espiral negativa de inveja, rivalidade, desapontamento, raiva e recriminação. Porque, por natureza, todas as criaturas se afastam das coisas que acreditam lhes fazer mal e buscam e admiram as que lhes parecem boas e úteis.

O segundo aspecto da fidelidade é a importância de observar com prudência os costumes de sua família, de seu país e de sua comunidade. Desempenhe os rituais comunitários com o coração puro, sem cobiça ou extravagância. Agindo dessa maneira, você participa da ordem espiritual de seu povo e ajuda a promover as aspirações fundamentais da humanidade.

A fidelidade é o antídoto da amargura e da perplexidade. Confere-nos a convicção de que estamos prontos para qualquer coisa que a ordem divina pretenda para nós. Sua meta deve ser a de enxergar o mundo como um todo integrado, inclinar fielmente toda a sua existência para o bem supremo e adotar como sua a vontade da natureza.

Os acontecimentos são algo impessoal e neutro

Quando refletir sobre o futuro, lembre-se de que todas as situações evoluem como devem evoluir, não importa quais sejam os nossos sentimentos a respeito. Nossos temores e esperanças é que nos abalam e perturbam, não os acontecimentos.

As pessoas indisciplinadas, levadas por suas antipatias e simpatias pessoais, estão sempre atentas a sinais que confirmem ou reforcem suas opiniões e seus pontos de vista irrefletidos. Os acontecimentos são impessoais, embora as pessoas sensatas decerto possam e devam reagir a eles de forma benéfica.

Em vez de personalizar um acontecimento ("o *meu* triunfo", "a bobagem que *ele* fez" ou "a *minha* desgraça") e tirar conclusões desalentadoras sobre você mesmo ou sobre a humanidade, procure ver como pode tirar proveito de certos aspectos do acontecimento. Será que há algum benefício menos evidente que um olhar mais sensível poderia discernir? Preste atenção, aja como um detetive. Talvez exista ali uma lição a extrair que possa ser aplicada a fatos semelhantes no futuro.

Em qualquer acontecimento, por mais terrível que pareça ser, não há nada que nos impeça de procurar uma oportunidade oculta. É uma falha da imaginação não fazê-lo. Contudo, procurar uma oportunidade de aprendizagem em qualquer situação requer uma grande dose de coragem, pois a maioria das pessoas que nos cercam insistirá em interpretar os fatos da maneira mais óbvia: sucesso ou fracasso, bom ou mau, certo ou errado. Essas categorias simplistas e polarizadas não permitem que se visualizem outras interpretações mais criativas – e úteis – dos acontecimentos que talvez sejam muito mais vantajosas e interessantes.

A pessoa sensata percebe que projetar esperanças e temores no futuro é uma atitude estéril que apenas cria representações melodramáticas em nossa mente e nos faz desperdiçar tempo.

Mas isso não significa que se deva abaixar a cabeça passivamente para o futuro e para o que ele traz. A passividade não é uma forma de evitar riscos, mas de intensificá-los.

Há sempre lugar para um planejamento prudente que nos leve a tomar providências ante as situações que virão. A melhor preparação para o futuro consiste em formar bons hábitos pessoais. Isso você faz buscando ativamente o bem em todos os aspectos de sua vida diária e analisando sempre suas motivações para ter certeza de que estão livres dos obstáculos causados pelo medo, pela ganância e pela preguiça. Agindo assim, você não fica à mercê dos acontecimentos externos.

Treine suas intenções em vez de se iludir pensando que pode manipular acontecimentos externos. Se acha que rezar ou meditar ajuda, não hesite em fazê-lo. Mas busque os conselhos divinos apenas quando a sua razão não lhe tiver fornecido as respostas, quando você já tiver esgotado os outros meios.

O que é um acontecimento "bom"? O que é um acontecimento "ruim"? Essas coisas não existem. Quem é uma boa pessoa? Uma boa pessoa é aquela que adquire tranquilidade tendo formado o hábito de indagar, em todas as ocasiões: "Qual é a coisa certa a fazer agora?"

Nunca reprima um impulso generoso

Siga todos os seus impulsos generosos. Não os questione, especialmente quando um amigo precisar de você: aja em benefício dele. Não hesite!

Não fique sentado especulando a respeito dos possíveis problemas, inconveniências ou perigos. Enquanto você deixar sua razão orientá-lo, estará em segurança.

É seu dever ficar ao lado de seus amigos quando eles passam por dificuldades.

Defina claramente a pessoa que você quer ser

Quem exatamente você quer ser? Que tipo de pessoa você deseja ser? Quais são seus ideais pessoais? Quem você admira? Quais são as características especiais dessas pessoas que você gostaria de ter?

Está na hora de parar de ser vago e impreciso. Se você deseja ser uma pessoa extraordinária, se deseja a sabedoria, então deve identificar precisamente o tipo de pessoa que você aspira a ser. Se você tem um diário, anote o que está tentando ser de modo que possa consultar essa autodefinição. Descreva exatamente a conduta que quer adotar para que possa mantê-la não só quando se encontrar sozinho como quando estiver na companhia de outras pessoas.

Fale apenas com uma boa finalidade

Dá-se muita atenção à importância moral de nossas ações e de seus efeitos. Os que procuram viver uma vida mais elevada passam também a compreender o poder moral de nossas palavras, tantas vezes esquecido.

Um dos sinais distintivos mais claros da vida moral é o discurso correto. O aperfeiçoamento de nosso discurso é um dos princípios básicos de um programa espiritual autêntico.

Antes de mais nada, pense *antes* de falar para ter certeza de que está falando com uma boa finalidade. O falatório vazio é um desrespeito aos outros. A exposição inconsequente de sua intimidade é um desrespeito a você mesmo. Inúmeras pessoas sentem-se impelidas a dar vazão a cada sensação, pensamento ou impressão passageira que têm. Despejam ao acaso seu conteúdo mental sem fazer caso das consequências. Isso é algo moralmente perigoso. Se tagarelarmos sobre cada ideia que nos ocorre, seja pequena ou grande, corremos o risco de desperdiçar ideias que têm real valor em meio ao fluxo de trivialidades de uma conversa vazia. O falar irreprimido é como um veículo descontrolado desviando-se de um lado para outro até cair em uma vala.

Se for preciso, mantenha-se sobretudo em silêncio ou fale com moderação. O falar, em si, não é bom nem ruim, mas o falar descuidado é tão comum que você precisa estar atento. Uma conversa frívola é uma conversa prejudicial. Além disso, é muito indelicado ser uma pessoa tagarela.

Participe de discussões quando as ocasiões sociais e profissionais o exigirem, mas cuide para que o espírito e o intento da discussão, assim como o conteúdo, mantenham o seu valor. A conversa-fiada é uma atividade sedutora. Não se deixe envolver por ela.

Não é necessário limitar-se a assuntos elevados ou filosofar todo o tempo, mas fique atento para que o falatório comum não seja considerado uma discussão de alto nível. Nesse caso ele tem um efeito corrosivo ao objetivo superior que você escolheu. Quando tagarelamos sobre frivolidades, nossa atenção fica tomada por elas e nos tornamos frívolos. Você se torna aquilo a que dá atenção.

Nós nos tornamos mesquinhos quando nos envolvemos em conversas a respeito de outras pessoas. De modo especial, evite acusar, elogiar ou comparar pessoas.

Sempre que possível, quando perceber que a conversa em torno de você começa a descambar para o falatório fútil, tente trazer sutilmente o rumo da prosa de volta para assuntos mais construtivos. Se, contudo, você estiver cercado de estranhos indiferentes, pode simplesmente se manter calado.

Seja uma pessoa bem-humorada e não dispense uma boa risada quando for o caso, mas evite o tipo de riso desenfreado que se ouve em salões de bar e que degenera facilmente em vulgaridade ou malevolência. Ria *com,* mas nunca ria *de.*

Se puder, evite sempre fazer promessas frívolas.

Evite se distrair com bobagens

A maior parte do que se considera diversão legítima é algo barato ou tolo e apenas explora ou serve de instrumento às fraquezas das pessoas. Evite fazer parte da multidão que se entrega a esses passatempos. Sua vida é muito curta e você tem coisas mais importantes a fazer. Seja exigente quanto às imagens e ideias que admite estarem presentes em sua mente. Se você mesmo não é capaz de escolher a que pensamentos e imagens se expõe, alguém o fará, e os motivos dos outros podem não ser dos mais elevados. Descair imperceptivelmente para a vulgaridade é a coisa mais fácil do mundo. Mas isso não precisa acontecer se você estiver determinado a não desperdiçar seu tempo e sua atenção com bobagens.

Tenha cuidado com as companhias

Apesar do que os outros possam afirmar, talvez eles não estejam de fato vivendo de acordo com valores espirituais. Tenha cuidado com as pessoas com quem você se relaciona. É humana a tendência de imitar os hábitos daqueles com quem interagimos. Adotamos inadvertidamente seus interesses, suas opiniões, seus valores e sua maneira de interpretar os acontecimentos. Embora muitas pessoas sejam bem-intencionadas, ainda assim são capazes de ter uma influência negativa sobre você, porque podem não usar o mesmo critério para distinguir entre o que é digno e o que não é.

Você não é obrigado a dividir seu tempo com certas pessoas só porque elas o tratam com simpatia. O fato de o procurarem e se mostrarem interessadas em você e em sua vida não significa que tenha de se relacionar com elas. Seja seletivo com relação aos que você toma como amigos e com colegas e vizinhos. Todos eles podem afetar seu destino. O mundo está cheio de gente agradável e talentosa. O segredo é só procurar a companhia de pessoas que o elevem, cuja presença desperte o que há de melhor em você. Lembre-se, porém, de que a influência moral é uma via de mão dupla e, portanto, nossos pensamentos, palavras e ações devem exercer uma influência sempre positiva naqueles com quem convivemos. O verdadeiro teste de excelência pessoal está na atenção que damos aos pequenos detalhes de nossa conduta que costumamos negligenciar.

Pergunte sempre a si mesmo: "Quais são meus pensamentos, palavras e ações que afetam meus amigos, minha mulher/meu marido, meus vizinhos, meus filhos, meu patrão, meus subordinados, meus concidadãos? Será que estou fazendo a minha parte e contribuindo para o progresso espiritual de todos com quem estou em contato?" Empenhe-se em despertar o que há de melhor nos outros, sendo você mesmo uma pessoa exemplar.

Cuide do seu corpo

Respeite as necessidades do seu corpo. Dê a ele os melhores cuidados para lhe proporcionar saúde e bem-estar. Dê a seu corpo absolutamente tudo de que ele necessita: alimentação saudável, roupas apropriadas e dignas e uma casa confortável e acolhedora. Não o use, porém, como motivo para exibição ou luxo.

Evite o sexo casual

Isso pode parecer puritano, mas o tempo comprovou que essa é uma forma de demonstrar respeito por nós mesmos e pelos outros. Sexo não é uma brincadeira. Dá origem a consequências muito reais e duradouras, tanto emocionais quanto de ordem prática. Ignorar isso é degradar-se e depreciar o significado dos relacionamentos humanos.

Se, no entanto, você conhece alguém que pratica o sexo de forma casual, não tente parecer virtuoso para convencê-lo de seu ponto de vista.

Uma vida sexual ativa inserida num contexto de compromisso pessoal aumenta a integridade das pessoas envolvidas e é parte de uma vida em expansão.

Não defenda sua reputação ou suas intenções

Não tenha medo de agressões verbais ou de críticas. Só os moralmente fracos sentem-se impelidos a se defender ou se explicar aos outros. Deixe que a qualidade de suas ações fale a seu favor. Não podemos controlar as impressões que os outros têm a nosso respeito, e o esforço de fazê-lo só degrada o nosso caráter.

Assim, se alguém lhe disser que determinada pessoa criticou você, não se dê ao trabalho de apresentar desculpas ou justificativas. Sorria apenas e diga: "Acho que essa pessoa não conhece todos os meus outros defeitos, ou não teria mencionado somente esses."

Porte-se com dignidade

Onde quer que você esteja, comporte-se sempre como uma pessoa digna.

O comportamento da maioria das pessoas costuma ser ditado pelo que está acontecendo em torno delas. Mantenha um padrão mais alto. Tenha o cuidado de evitar festas ou jogos em que os excessos irrefletidos são a norma. Se estiver em um acontecimento público, não se afaste um só momento de seus objetivos e ideais.

Imite um modelo valioso

Uma das melhores maneiras de aprimorar seu caráter é encontrar modelos valiosos para imitar. Se você tem a oportunidade de encontrar uma pessoa importante, não fique nervoso. Evoque as características dela que você mais admira e adote suas maneiras, sua linguagem e seu comportamento. Não há nada de falso nisso. Todos trazemos dentro de nós as sementes da grandeza, mas precisamos de uma imagem como um ponto a ser focalizado para que essas sementes germinem.

Ao mesmo tempo, você não deve ficar tão mobilizado só porque está diante de uma pessoa de grande mérito. As pessoas são apenas pessoas, seja qual for seu talento ou sua influência.

Exercite a discrição ao conversar

A presunção e a arrogância são incompatíveis com o caminho de um verdadeiro filósofo. Ninguém aprecia a companhia de um fanfarrão. Não incomode as pessoas com relatos impressionantes de suas façanhas. Ninguém está tão interessado assim em suas histórias e aventuras emocionantes, embora as pessoas possam ouvi-las com paciência para não serem indelicadas. Falar com frequência e excessivamente dos próprios feitos é cansativo e pretensioso.

Você não precisa ser o palhaço da turma. Também não precisa utilizar outros métodos indelicados para convencer outras pessoas de que é esperto, sofisticado ou agradável.

A conversa agressiva, fútil ou exibicionista deve ser completamente evitada. Só faz diminuir a consideração de seus conhecidos por você.

Muitas pessoas às vezes procuram dizer coisas picantes para incrementar a conversa ou para embaraçar os outros. Recuse-se a participar desse jogo. Quando as pessoas começarem a soltar comentários inconvenientes e fora de propósito, se possível afaste-se ou ao menos fique calado e deixe claro que não pretende alimentar esse tipo de conversa.

Prefira a satisfação duradoura à gratificação imediata

Deixe que a sua razão predomine. Cultive o hábito da reflexão e da ponderação.

Pratique a arte de testar se determinadas coisas são de fato boas ou ruins. Aprenda a esperar e avaliar em vez de sempre reagir a instintos não disciplinados. A espontaneidade não é uma virtude em si nem por si só.

Se existe a promessa de um prazer que o atrai sedutoramente, pare e dê-se algum tempo para refletir antes de se entregar a ele de forma impulsiva. Da maneira menos passional possível, examine bem a questão: será que esse prazer vai trazer apenas um deleite momentâneo ou uma satisfação verdadeira, duradoura? Aprender a distinguir entre emoções baratas e recompensas significativas e duradouras faz grande diferença na nossa qualidade de vida e no tipo de pessoa que nos tornamos.

Se, depois de ponderar com calma sobre aquele prazer, você se der conta de que ficará arrependido caso se entregue a ele, deixe-o de lado e alegre-se com essa renúncia. Será um triunfo para o aperfeiçoamento de seu caráter e você sairá fortalecido.

Tome posições

Uma vez tendo deliberado e determinado que uma certa linha de ação é a mais sábia, nunca desconsidere seu julgamento. Mantenha-se firme em sua decisão. Existe a possibilidade de outras pessoas compreenderem mal suas intenções e até mesmo desaprovarem sua atitude. Entretanto, se estiver convencido de que está agindo bem, você não tem nada a temer. Tome posições. Não seja covardemente evasivo.

Cortesia e lógica, cada uma em seu lugar

Boas maneiras e lógica são coisas diferentes e cada uma tem uma aplicação adequada.

A premissa "ou é preto ou é branco" funciona bem numa argumentação isolada, mas nem tanto numa conversa amigável. Da mesma forma, poderia fazer sentido você se servir de uma grande quantidade de comida em um banquete se estivesse com muita fome, mas não seria bem-educado.

Quando você estiver à mesa com outras pessoas, tenha consciência não só de quanto seu corpo aprecia as iguarias oferecidas como da importância das boas maneiras e do refinamento pessoal.

O aperfeiçoamento de talentos pessoais depende de ser honesto consigo mesmo

Procure saber, em primeiro lugar, quem você é e do que é capaz. Assim como não se podem criar grandes coisas em um instante, também leva tempo aperfeiçoar nossos talentos e atitudes. Estamos sempre aprendendo, sempre crescendo. É bom aceitar desafios. É dessa forma que progredimos para o nível seguinte de desenvolvimento intelectual, físico ou moral. Ainda assim, não se iluda: se você tentar ser alguém ou alguma coisa que não é, vai atrofiar seu verdadeiro eu e acabar não desenvolvendo os potenciais em que você teria se destacado naturalmente.

Dentro da ordem divina, cada um de nós tem um chamado especial. Escute o seu e siga-o fielmente.

Proteja sua razão

Da mesma maneira que, ao andar, tomamos cuidado para não pisar em um objeto cortante ou torcer o pé, devemos ter o maior cuidado para não prejudicar, de modo algum, a nossa mais importante faculdade mental. A vida virtuosa depende antes de tudo da razão. Se você preservar sua razão, ela preservará você.

Observe as proporções e a moderação adequadas

Estando vigilantes, podemos impedir a tendência ao excesso. Seus bens devem ser proporcionais às necessidades de seu corpo assim como o sapato deve se adaptar ao tamanho do pé.

Sem treinamento moral, podemos ser levados ao excesso. As pessoas às vezes são tentadas a comprar coisas supérfluas, extravagantes e variadas, quando deveriam pensar em utilidade, conforto e durabilidade.

Quando caímos, mesmo que ligeiramente, na falta de moderação, corremos o risco de perder o equilíbrio e nos deixarmos levar pelos caprichos.

A excelência interior importa mais do que a aparência

As mulheres muitas vezes são cortejadas pelos homens ou avaliadas somente em função da aparência.

Lamentavelmente, isso pode fazer uma mulher se sentir muito desvalorizada, o que leva seus talentos interiores a se atrofiarem. Ela pode se sentir compelida a investir muito tempo e esforço para realçar sua beleza física, distorcendo sua personalidade natural na tentativa de agradar aos outros.

É triste constatar que muitas pessoas, tanto mulheres quanto homens, colocam tanta ênfase no culto à aparência e na impressão que causam nos outros.

Os que buscam a sabedoria acabam compreendendo que, embora o mundo às vezes nos recompense por motivos errados ou superficiais – a nossa aparência física, a família a que pertencemos, a riqueza que possuímos e assim por diante –, o que realmente importa é quem somos em essência e como estamos evoluindo.

Cuide mais da mente que do corpo

Aqueles que são moralmente destreinados gastam tempo demais com os cuidados do corpo. Trate bem dele, mas não se esqueça de que sua principal atenção deve estar centrada no desenvolvimento da razão. Porque é através dela que você será capaz de compreender as leis da natureza.

O maltratar vem de falsas impressões

Se alguém trata você de forma desrespeitosa ou fala de você com aspereza, lembre-se de que o faz porque acha que tem razão em agir assim.

Não é realista esperar que as pessoas vejam você da mesma maneira que você se vê. Se as pessoas chegam a certas conclusões baseando-se em falsas impressões, as lesadas são elas, e não você, porque elas é que estão equivocadas. Quando alguém interpreta uma proposição verdadeira como falsa, não é a proposição que é afetada. A pessoa que tem o ponto de vista errado é que se engana e, portanto, se prejudica. A partir do momento em que você compreender isso claramente, será menos provável que se sinta ofendido pelos outros, mesmo que o insultem. Você poderá dizer a si mesmo: "Parece ser assim para essa pessoa, mas ela está enganada, está agindo sob uma falsa impressão."

Tudo tem dois lados

Tudo tem dois lados: depende da forma como você vê a situação.

Se, por exemplo, seu irmão ou sua irmã tratam você mal, não se sinta magoado nem injustiçado, pois você não será capaz de aguentar o peso ou se tornará uma pessoa amarga. Faça o oposto. Procure ver a situação pelo lado dos laços familiares. Em outras palavras, concentre-se no fato de que se trata de seu irmão ou de sua irmã, que vocês cresceram juntos e que, portanto, estão ligados por laços antigos que não podem ser quebrados. Encarando a situação dessa maneira, você a compreenderá melhor e preservará seu equilíbrio.

Pensar com clareza é vital

A vida dedicada à sabedoria é uma vida voltada para a razão. É importante aprender a pensar com clareza. A clareza de pensamento não é uma atividade que acontece por acaso. Exige treinamento específico. É através dela que somos capazes de direcionar corretamente nossa vontade, manter-nos fiéis aos nossos verdadeiros propósitos, descobrir qual é o nosso relacionamento com os outros e os deveres inerentes a esses relacionamentos. Toda pessoa deveria aprender a identificar um raciocínio inconsistente e enganoso. Analise se as inferências são legitimamente derivadas para não tirar conclusões sem fundamento.

Por exemplo, observe os seguintes exemplos de lógica imperfeita: "Sou mais rico do que você, portanto sou melhor do que você." Deparamos o tempo todo com noções absurdas como essa, completamente falaciosas. A conclusão válida que pode ser tirada é: "Sou mais rico do que você, portanto possuo mais bens ou dinheiro do que você."

Outros exemplos: "Expresso-me de maneira mais persuasiva do que você, portanto sou melhor do que você" ou "sou mais inteligente do que você". Da premissa só podemos concluir: "Expresso-me de maneira mais persuasiva do que você, portanto o que digo produz mais efeito do que o que você diz."

Lembre-se, porém: seu caráter não depende de bens materiais ou de um discurso persuasivo.

Dedique-se a compreender bem os mecanismos da clareza de pensamento e você não será ludibriado. Um conhecimento sólido de lógica e das regras para uma argumentação eficaz será sempre muito útil para você.

Chame as coisas pelo seu verdadeiro nome

Quando damos nome às coisas, nós as compreendemos corretamente sem acrescentar informações ou julgamentos que não são inerentes a elas. Fulano costuma tomar banho com rapidez? Não diga que ele se lava mal, e sim que ele se lava depressa. Defina a situação como ela é, não a filtre através do seu julgamento.

Sicrano bebe muito vinho? Não diga que ele é um alcoólatra, mas que bebe muito. A menos que você tenha um conhecimento bastante abrangente da vida dele, como pode saber se é alcoólatra?

Não se arrisque a ser iludido pelas aparências e a construir teorias ou interpretações baseadas em distorções apenas por dar nome errado às coisas. Concorde somente com o que é verdadeiro.

A sabedoria é revelada pelas ações, não pelas palavras

Não apregoe a própria sabedoria nem fale sobre suas aspirações espirituais com pessoas que não as apreciarão. Mostre seu caráter e seu compromisso com a dignidade pessoal somente através de suas ações.

Viva com simplicidade para o seu próprio bem

Não se encha de orgulho se for capaz de prover as suas necessidades com poucos recursos. A primeira tarefa da pessoa que deseja viver sabiamente é libertar-se das limitações causadas pelo hábito de se ocupar demais consigo mesma.

Reflita na maneira como vivem os pobres, tão mais moderada do que a nossa, e em como eles suportam melhor a dureza da vida. Se você quiser desenvolver sua capacidade de viver uma vida simples, faça-o para si mesmo, com discrição, e não para impressionar os outros.

A sabedoria depende de vigilância

A maioria das pessoas não se dá conta de que tanto o benefício como o prejuízo pessoais vêm de dentro de nós mesmos. E olham para o exterior fascinadas pelas aparências.

As pessoas sábias, porém, percebem que somos a fonte de tudo o que é bom ou mau para nós. E, portanto, não costumam culpar ou acusar os outros de coisa alguma. Não sentem a necessidade imperiosa de fazer os outros acreditarem que elas têm valor, são especiais ou importantes.

Quando estão diante de um desafio, as pessoas sábias olham para dentro de si mesmas. Se são elogiadas pelos outros, sorriem tranquilamente consigo mesmas e não se alteram. Se são caluniadas, não acham necessário defender o próprio nome.

No entanto, levam a vida adiante com vigilância, conscientes de que tudo está bem mas não inteiramente garantido. Harmonizam seus desejos com a vida como ela é e procuram evitar apenas as coisas que prejudicariam a capacidade de exercer sua vontade da maneira mais adequada. Adotam a moderação em todas as suas ações. E não se importam nem um pouco em parecer ignorantes ou sem sofisticação. Sabem que têm apenas de estar atentas a si mesmas e ao rumo dos próprios objetivos.

Viver a sabedoria é mais importante do que saber a respeito dela

Se alguém tenta impressionar você afirmando compreender os escritos e as ideias de grandes pensadores, pense que o importante não é apenas ser capaz de falar com fluência sobre assuntos intricados. O essencial é compreender a natureza e harmonizar intenções e ações com a maneira como as coisas são. A pessoa que compreende verdadeiramente os escritos e preceitos de qualquer grande pensador é aquela que aplica de fato os seus ensinamentos. Existe uma grande diferença entre dizer e fazer coisas valiosas.

Não atribua peso excessivo à erudição pura e simples. Valorize o exemplo das pessoas cujas ações são coerentes com os princípios que professam.

Praticar os princípios é mais importante do que os comprovar

Começa-se uma vida de sabedoria aprendendo a forma de colocar em prática princípios como "Não se deve mentir". A segunda etapa consiste em demonstrar a verdade dos princípios, ou seja, nesse caso, por que razão não se deve mentir. A terceira etapa, que estabelece a ligação entre as outras duas, consiste em indicar por que as explicações são suficientes para justificar os princípios. A segunda e a terceira etapas são valiosas, mas a mais importante é a primeira. Pois é muito fácil – e muito comum – mentir ao demonstrar habilmente que é errado mentir.

Comece a viver seus ideais

Chegou o momento de encarar com seriedade a questão de viver de acordo com seus ideais. Uma vez tendo determinado quais são os princípios espirituais que você quer seguir à risca, submeta-se a esses princípios como se fossem leis, como se fosse de fato um pecado infringi-los.

Não faça caso se os outros não partilharem suas convicções. Por quanto tempo ainda você pode adiar o projeto de se tornar quem você realmente quer ser? O lado melhor de seu caráter não pode mais esperar.

Ponha seus princípios em prática. Agora. Chega de desculpas e adiamentos. Você não é mais uma criança. Quanto mais cedo se dedicar a seu programa espiritual, mais feliz será. Quanto mais você esperar, mais será vulnerável à mediocridade, mais sentirá vergonha e arrependimento, porque sabe que é capaz de fazer melhor.

Deste minuto em diante, jure que vai parar de decepcionar-se. Desligue-se do resto da multidão. Decida ser uma pessoa extraordinária e faça o que for preciso para isso. Agora.

ENSINAMENTOS ESSENCIAIS SOBRE VIRTUDE, FELICIDADE E TRANQUILIDADE

Por que ser bom? A concepção estoica da virtude adotada por Epicteto deixou marcas indeléveis em nossa cultura e, no entanto, não foi suficientemente valorizada. Descartes, Spinoza, Rousseau, Nietzsche, Marx e os fundadores da nação norte-americana são apenas alguns dos revolucionários e renovadores que devem muito ao pensamento ético do Estoicismo.

A noção de virtude, até uma reabilitação muito recente, parecia antiquada e até puritana a nossos olhos modernos. Os ensinamentos de Epicteto referentes à virtude nada têm a ver com beatice ou servilismo e submissão. Virtude, felicidade e tranquilidade não são experiências isoladas ou distintas, mas estados estreitamente relacionados.

Ao mesmo tempo que defendia a ideia de que se deve ser bom por princípio, Epicteto observava na prática que uma vida virtuosa, de excelência moral, leva à coerência interior e à harmonia exterior. Há uma grande sensação de alívio em ser moralmente coerente: a alma é pacificada e podemos então levar adiante as nossas atividades de modo mais eficaz e proveitoso, ou, como dizia Epicteto, "sem impedimentos".

A confusão interior e o próprio mal são fruto da ambiguidade. Epicteto ensina-nos a trazer à tona o que temos de melhor ao tornar o nosso código moral explícito para nós mesmos. A liberdade, o bem-estar e a confiança são alcançados à medida que nossas ações se adaptam gradualmente a esse código. Epicteto pede-nos para atribuir menos importância às escolhas "exteriores", àquilo que hoje em dia chamaríamos de "escolhas ligadas ao estilo de vida", e recomenda que nos concentremos nas pequenas mas significativas opções morais, as escolhas interiores que fazemos no decorrer de cada dia.

O apelo da alma

A principal tarefa da filosofia é responder ao apelo da alma. É procurar compreender o sentido de nossas dores e nossos medos e, assim, nos libertar da sua influência.

A filosofia exerce atração sobre nós quando chegamos ao fim de nossas forças. A sensação persistente de que algo não está certo em nossa vida e o desejo intenso de recuperar o equilíbrio e o bem-estar anteriores não nos abandonam. O medo da morte e da solidão, as perturbações a respeito de amor e sexo e a impotência diante da nossa raiva e de nossas ambições desmesuradas levam-nos a formular as primeiras perguntas filosóficas sinceras.

É verdade: não há nenhum sentido aparente e *óbvio* para nossa vida. A crueldade, a injustiça, o desconforto físico, as doenças, os aborrecimentos e transtornos, grandes e pequenos, são fatos comuns de todos os dias. Então, o que fazer a respeito? Como podemos viver uma vida digna, apesar da dor e do sofrimento no mundo exterior e da instabilidade de nossas emoções? Como deixar de sucumbir a uma insensibilidade desesperadora e, como um animal de carga, apenas aguentar o tédio e o fardo das responsabilidades indesejadas?

Quando a alma grita seu apelo, é sinal de que chegamos a um estágio necessário e maduro de reflexão sobre nós mesmos.

O segredo é não ficar bloqueado nesse ponto, perturbado, torcendo as mãos, mas ir em frente decidido a curar a própria vida. O que a filosofia nos pede é uma opção pela coragem. Seu remédio é expor, sem hesitar, inflexível e obstinadamente, as premissas falsas e enganadoras nas quais baseamos nossa vida e nossa identidade.

O verdadeiro propósito da filosofia

A verdadeira filosofia não envolve rituais exóticos, liturgias misteriosas ou crenças originais. Também não se resume a teorias e análises abstratas. A verdadeira filosofia é, evidentemente, o amor à sabedoria. É a arte de viver bem a vida. Como tal, precisa ser resgatada dos gurus religiosos e filósofos profissionais para não se deixar explorar como um culto esotérico, ou um conjunto de técnicas intelectuais desconexas, ou um jogo de quebra-cabeça que sirva apenas para exibir sua inteligência. A filosofia é destinada a todos e só é praticada de modo autêntico por aqueles que a associam à ação no mundo, visando a uma vida melhor para todos.

O propósito da filosofia é iluminar os caminhos de nossa alma que foram contaminados por convicções infundadas, desejos descontrolados, preferências e opções de vida questionáveis que não são dignos de nós. O principal antídoto a tudo isso é um autoexame minucioso aplicado com bondade. Além de erradicar as doenças da alma, a vida de sabedoria também pretende despertar-nos de nossa apatia e introduzir-nos no caminho de uma vida ativa e alegre.

A habilidade no uso da lógica e do debate e o desenvolvimento da capacidade de definir as coisas com seus nomes certos são alguns dos instrumentos que a filosofia nos oferece para alcançar a clareza de visão e a tranquilidade interior, que constituem a felicidade verdadeira.

Essa felicidade, que é a nossa meta, deve ser entendida com exatidão. A felicidade costuma ser confundida com prazer ou lazer experimentados passivamente. Esse conceito de felicidade só é bom até certo ponto. O único e precioso objetivo de todos os nossos esforços é uma vida em expansão no caminho da plenitude.

A verdadeira felicidade é um verbo. É o desempenho contínuo, dinâmico e permanente de atos de valor. A vida em expansão, cuja base é a intenção de buscar a virtude, é algo que improvisamos continuamente, que construímos a cada momento. Ao fazê-lo, nossa alma amadurece. Nossa vida tem utilidade para nós mesmos e para as pessoas que tocamos.

Nós nos tornamos filósofos para distinguir o que é realmente verdadeiro do que é meramente o resultado acidental do raciocínio incorreto, das avaliações erradas adquiridas de modo imprudente, dos ensinamentos bem-intencionados mas equivocados de pais e professores e da aculturação que absorvemos sem refletir.

Para aliviar o sofrimento da alma, precisamos nos entregar a uma introspecção disciplinada, na qual realizamos exercícios mentais para fortalecer nossa capacidade de descobrir quais são as convicções e os hábitos sadios e quais são os prejudiciais causados pela negligência.

O primeiro passo

O primeiro passo para viver com sabedoria é renunciar à vaidade.

Reconheça a insanidade no sabichão inquieto cuja mente agitada está sempre especulando a respeito de suas impressões estereotipadas sobre os acontecimentos ou sobre as pessoas, esforçando-se para encaixar as experiências do momento em categorias previamente estabelecidas: "Ah, sim, isto aqui é exatamente assim ou assado."

Contemple o mundo com novo frescor – como ele é, como foi criado –, com os olhos de um principiante, de um recém-chegado. Saber que você *não* sabe e estar disposto a admitir isso sem desculpas nem acanhamento é ser forte de verdade e preparar o terreno para aprender e progredir em qualquer atividade.

Os mais sábios reconhecem os limites naturais de nossa capacidade de conhecimento e têm a coragem de preservar sua ingenuidade. Compreendem que todos nós sabemos muito pouco sobre qualquer coisa. Não existe qualquer conhecimento conclusivo, definitivo, sobre coisa alguma. Os sábios não confundem informações ou dados, por mais prodigiosos ou bem apresentados que sejam, com conhecimento abrangente ou sabedoria transcendente. Fazem, com enorme frequência, comentários como "Humm" ou "É mesmo?". Quando percebemos como de fato sabemos pouco, nos iludimos com menos facilidade por pessoas muito falantes, envolventes ou demagogas e direcionamos melhor nossa curiosidade. Pois a curiosidade viva e ativa é um elemento característico de uma vida em expansão.

A arrogância é a máscara mais banal da covardia. Mais grave ainda: é o maior empecilho para uma vida florescente. A clareza de pensamento e a presunção não podem coexistir logicamente. A humanidade não tem uma hierarquia social inerente a ela, apesar das aparências. *Toda* pessoa neste mundo é importante. Se você de fato quer ter paz de espírito e bons resultados para seus esforços, deixe a presunção de lado.

A presunção é como um portão de ferro: não permite a entrada de novos conhecimentos, a expansão de possibilidades nem as ideias construtivas. Ceder ao orgulho excessivo dos próprios conhecimentos, capacidades ou experiências, procurando alcançar mais poder ou autoridade do que o devido, é fatal. O amor-próprio exagerado não só faz os outros se afastarem, pois é insuportável ter um tolo arrogante por perto, como também leva à complacência, impedindo mudanças de rumo mais sadias. A pessoa fica sempre girando em círculos pelos mesmos lugares conhecidos, cai sempre na mesma teia pegajosa. Nada de extraordinário ou prazeroso acontece.

Pare de tagarelar como uma matraca. Observe o que está *realmente* acontecendo, não só o que você *pensa* estar acontecendo ou *gostaria* que estivesse acontecendo. Olhe e escute bem o que se passa à sua volta.

Para fazer bem qualquer coisa, você precisa ter a humildade de tropeçar aqui e ali, de seguir seu faro, de se perder de vez em quando, de cometer erros elementares. Tenha a coragem de tentar realizar alguma tarefa encarando a possibilidade de realizá-la mal. As vidas medíocres são marcadas pelo temor de não parecer capaz ao tentar algo novo.

As novas experiências servem para aprofundar nossa vida e promover o avanço para níveis de competência mais altos, e não para serem usadas pelos presunçosos como suporte de seus pontos de vista e conclusões previamente determinadas.

Os conhecimentos importantes e a orientação pessoal estão onde menos se espera. Se você deseja encontrá-los, reconhecê-los e beneficiar-se deles quando vierem, trate de não se encher de empáfia e orgulho desmedidos.

O legítimo sentimento de satisfação por se alcançar um objetivo *meritório* e difícil de conquistar não deve ser confundido com arrogância, que se caracteriza pela preocupação excessiva consigo mesmo e a falta de interesse pelos sentimentos ou assuntos dos outros.

A vida em expansão depende da autossuficiência

Não é por meio de técnicas que se consegue ter uma vida florescente. Ninguém pode se tapear usando truques para viver uma vida bem vivida. Também não adiantam coisas do tipo "cinco regras práticas" ou os dogmas prescritos por alguma figura carismática. Ter uma vida em expansão depende da nossa resposta àquilo que cabe exclusivamente a nós.

Viver uma vida extraordinária significa elevar nossa estatura moral cultivando o caráter. Os despreparados ficam ruminando sobre o que acontece em suas vidas. Desperdiçam um tempo precioso lamentando-se ou desejando que as circunstâncias fossem diferentes: "Se ao menos eu vivesse em uma casa melhor, ou em uma cidade melhor, tivesse outro marido, um emprego mais interessante, mais tempo para mim..." Os moralmente preparados, em vez de se ressentirem ou se esquivarem de sua verdadeira situação e de seus deveres, sentem-se gratos por eles e entregam-se inteiramente a seus deveres para com a família, os amigos, os vizinhos e o trabalho. Quando sucumbimos aos queixumes, diminuímos nossas possibilidades.

A supervalorização do dinheiro, da posição social e da competição envenena nossos relacionamentos pessoais. Não podemos ter uma vida florescente enquanto não moderarmos nossos desejos e constatarmos como eles são superficiais e passageiros.

O começo é difícil

Os primeiros passos no caminho da sabedoria são os mais estafantes, porque nossa alma fraca e teimosa detesta o esforço (sem garantia completa de recompensa) e o desconhecido. À medida que você progride, sua decisão se fortalece e o aprimoramento pessoal se torna progressivamente mais fácil. Aos poucos, na realidade, passa a ser até difícil deixar de fazer o que é melhor para você.

O compromisso firme e ao mesmo tempo paciente de remover as crenças nocivas de nossa alma nos confere pouco a pouco a habilidade de ver com mais clareza através de nossos frágeis temores, de nossa desorientação nas questões amorosas e de nossa falta de autocontrole. Paramos de nos esforçar para impressionar os outros. Um belo dia percebemos com satisfação que não estamos mais representando para plateia alguma.

O bem é sempre o bem

O bem existe independentemente de nossa concepção a seu respeito. O bem está e esteve sempre presente muito antes do início de nossa existência.

Desconfie das convenções sociais

Desconfie das convenções sociais. Assuma a sua maneira de pensar.

Desperte do entorpecimento causado pelos hábitos adotados sem reflexão.

As formas de percepção populares, os valores e maneiras comuns de se fazer as coisas raramente são os mais sábios. Muitas crenças amplamente difundidas não passariam com sucesso por um teste de racionalidade. O pensamento convencional – seus meios e fins – é em essência pouco criativo e desinteressante. Sua função é preservar o status quo para indivíduos e instituições exclusivamente preocupados em se proteger.

Por outro lado, não há nenhuma virtude inerente nas novas ideias. Julgue as ideias e oportunidades pelo que elas têm de revigorante, de vivificante. Dê seu apoio ao que promove o sentido de humanidade, de justiça, de crescimento benéfico, de bondade, de possibilidades positivas e de proveito para a comunidade humana.

Examine as coisas de acordo com a impressão que causam em sua mente. Considere objetivamente o que é dito pelos outros e depois estabeleça suas próprias convicções.

As crenças socialmente aprendidas não costumam ser confiáveis. Muitas de nossas crenças são adquiridas casualmente ou nos foram transmitidas de maneira irresponsável ou ignorante. Há inúmeras delas tão profundamente arraigadas em nós que nem mesmo as percebemos. A banalidade e a indolência vividas por pessoas sem disciplina e reflexão podem ser muito contagiosas, sobretudo porque raramente estamos expostos à alternativa de um modo mais sadio de viver. Desperte para isso e fique atento. Avalie seus hábitos para preservar seus padrões mais elevados.

Muita gente declara com toda a sinceridade que faz questão de manter a própria integridade, mas ao mesmo tempo assume atitudes irrefletidas e imoderadas. O procedimento dessas pessoas é vacilante e elas sabotam seus esforços mais bem-intencionados por não enfrentarem sua verdade nem articularem um código moral próprio e coerente para pautar suas futuras ações. Não escute o que essas pessoas *dizem*. Observe o que *fazem* e avalie as consequências.

Assim como devemos limpar, arrumar e manter nossa casa, precisamos fazer o mesmo com nossa mente para poder seguir adiante em nossa vida. Porque, se não o fizermos, correremos não só o risco da ineficiência como o da corrupção de nossa mente. A mente desorganizada, nebulosa, está em perigo porque é vulnerável a influências mais bem organizadas, porém condenáveis.

Não confie em nada nem em ninguém antes de confiar em si mesmo. Mantenha-se permanentemente atento a suas convicções e seus impulsos.

Os virtuosos são invencíveis

A diferença entre os instruídos e os ignorantes é que as pessoas sábias têm consciência de que os virtuosos são invencíveis. Não são atraídos nem iludidos pela maneira como as coisas aparentam ser.

Os instruídos respeitam a afinidade que temos com o Supremo e, portanto, agem como cidadãos do Universo compassivos e conscientes. Compreendem que uma vida sábia, que leva à serenidade, vem da harmonia com a natureza e com a razão.

Seja um cidadão do mundo

Não podemos buscar nosso bem maior sem necessariamente promover ao mesmo tempo o bem dos outros. Uma vida que se limita a interesses pessoais não pode ser submetida a qualquer avaliação respeitável. Procurar o melhor em nós significa zelar ativamente pelo bem-estar dos outros seres humanos. Nosso contrato humano não se restringe às poucas pessoas a quem nossos interesses estão mais intimamente ligados, ou às mais proeminentes, ricas ou de educação aprimorada, mas abrange toda a imensa irmandade humana.

Veja a si mesmo como cidadão de uma comunidade mundial e aja de acordo com isso.

Considere seus mais profundos anseios como meros fatos

Considere seus anseios mais profundos e secretos como se fossem apenas fatos e verá como são frágeis e desatinados. Não é vergonha tentar alcançar o sucesso mundano: é normal. O problema não são as tentativas em si, mas a forma como você tenta, deixando que desejos e medos confusos e frenéticos alterem o seu discernimento. E você passa a supervalorizar o valor intrínseco de suas tentativas: você acredita e confia nelas para lhe dar felicidade, confundindo dessa maneira os meios com os fins.

Compreenda que, apesar de ser natural querer atingir tais objetivos, o sucesso ou o fracasso das tentativas não terá a menor relação com sua verdadeira felicidade.

O uso correto dos livros

Não diga apenas que você leu muitos livros. Mostre que, por meio deles, você aprendeu a pensar melhor, a ser uma pessoa mais perspicaz e ponderada. Os livros são para a mente o que os pesos da ginástica são para o corpo.

Os livros são muito úteis, mas seria um grave erro supor que alguém progrediu apenas por conhecer o seu conteúdo.

Tenha cautela quando se relacionar com os outros

Quando você se relaciona socialmente com outras pessoas, podem acontecer duas coisas: ou você se adapta à maneira de ser delas, ou faz com que se adaptem à sua. É como encostar um pedaço de carvão apagado em outro que está em brasa: ou o primeiro apaga o segundo, ou este acende o primeiro. Como o risco é grande, seja prudente quando se envolver em relacionamentos pessoais, até mesmo – e em especial – quando se tratar de relacionamentos casuais e despreocupados.

A maioria de nós ainda não desenvolveu firmeza suficiente para direcionar os companheiros para o nosso caminho, de modo que acabamos sendo levados pela multidão. Nossos valores e ideais ficam imprecisos e contaminados. Nossas resoluções se desestabilizam.

É difícil resistir quando amigos ou companheiros começam a falar com muita segurança e ímpeto. Se somos pegos desprevenidos quando eles abordam assuntos pouco dignos, ficamos envolvidos pelo ritmo do ambiente social em que estamos. É da natureza da conversa que seus múltiplos significados, insinuações e motivações pessoais sucedam-se com tal rapidez que possam, de um momento para outro, desviar-se para direções não recomendáveis, aviltando todos os que dela participam. Sendo assim, enquanto os sentimentos sábios não se fixarem bem em você, transformando-se em instinto, e enquanto você não tiver adquirido uma certa capacidade de autodefesa, escolha com cuidado as suas companhias e controle o rumo das conversas de que participar.

Perdoe muitas e muitas vezes

Em geral, todos nós fazemos o melhor que podemos. Quando alguém fala de maneira ríspida com você, não faz caso do que você diz, comete o que parece ser um gesto desatencioso ou até mesmo uma ação indiscutivelmente má, diga a si mesmo: "Se eu fosse ele e tivesse passado pelas mesmas dificuldades, suportado os mesmos sofrimentos, vivido na mesma família e assim por diante, provavelmente teria dito ou feito a mesma coisa." Não conhecemos as histórias que estão por trás das ações das pessoas e por isso precisamos ser pacientes com os outros e não os julgar, reconhecendo os limites de nossa compreensão. Isso não significa fechar os olhos a atos nocivos ou defender a ideia de que ações diferentes têm o mesmo peso moral.

Quando as pessoas não agirem como você desejaria, exercite os músculos da sua boa índole e dê de ombros dizendo a si mesmo: "Ora, tudo bem." E deixe passar.

Procure, também, ser tão generoso *consigo mesmo* quanto possível. Não se compare com os outros ou com o que você gostaria de ser. O aperfeiçoamento humano é um esforço gradual em que se avança dois passos e se recua um.

Perdoe os erros dos outros muitas e muitas vezes seguidas. É um gesto que promove o bem-estar interior. Perdoe a si mesmo muitas e muitas vezes. E tente agir melhor da próxima vez.

Os virtuosos são coerentes

Para viver uma vida de virtude, de excelência moral, você precisa tornar-se coerente, mesmo se isso não for conveniente, confortável ou fácil.

É indispensável que seus pensamentos, palavras e ações sejam consequentes. Esse é um padrão mais elevado do que o comum. A maioria das pessoas quer ser boa e tenta de alguma forma conseguir isso, mas costuma ceder à lassidão quando enfrenta um desafio moral.

Sempre que seus pensamentos, palavras e ações formam uma trama perfeita, sem qualquer emenda, seus esforços encontram menos resistência e fluem facilmente, eliminando temores e preocupações. Desse modo, é *mais fácil* buscar a excelência moral do que agir de maneira inconstante ou de acordo com as sensações do momento.

É só quando você se liberta das distrações causadas por prazeres superficiais ou ilusórios e se dedica a seus legítimos deveres que pode de fato relaxar. Quando tem consciência de que fez o melhor possível dentro das circunstâncias, seu coração fica realmente leve. Sua mente não precisa ficar dividida procurando desculpas, pensando em álibis, defendendo sua autoestima, sentindo culpa ou remorso. Você pode, despreocupadamente, honestamente, seguir adiante, cuidar de outra coisa.

E, na verdade, é tão simples ser coerente: se você diz que vai fazer algo, faça-o. Se começar alguma coisa, termine-a, vá até o fim.

Confie em sua intuição em questões de ordem moral

Nascemos para a bondade essencial, dotados de intuição natural para distinguir entre o que é bom e digno e o que não é. Esse potencial moral endêmico deve então ser treinado deliberada e sistematicamente para ser utilizado da melhor maneira possível na plena maturidade.

É natural querer ser bem considerado pelos outros, mas aos poucos você deve se libertar dessa dependência da admiração ou reverência que as pessoas lhe prestam ou que você acredita que elas lhe podem prestar. Não é a opinião dos outros que deve influenciar o seu julgamento sobre o que é certo ou errado. Na sorte ou na adversidade, o que importa são as boas intenções com que você realiza seus atos, não os resultados deles e o reconhecimento do valor deles pelos outros. Portanto, desvie sua atenção daquilo que você acha que as outras pessoas estão pensando e também dos resultados de suas próprias ações. Em vez disso, escute sua intuição natural para todas as questões de ordem moral e siga-a fielmente.

Não tenha raiva dos malfeitores

A reação instintiva das pessoas aos ladrões, aos bandidos e àqueles que procedem mal é a revolta e a vingança.

Os malfeitores precisam ser compreendidos de maneira apropriada para que se molde uma reação correta ao seu comportamento.

A melhor reação aos atos condenáveis é ter pena de quem os comete, pois essas pessoas adotaram convicções e princípios doentios e são desprovidas da mais preciosa capacidade humana: a de distinguir o que é realmente bom do que é mau para elas. Sua intuição natural para questões de ordem moral foi distorcida, de modo que elas não têm chance de adquirir serenidade interior.

Sempre que alguém agir de maneira insensata, tenha pena da pessoa em vez de ceder à raiva ou ao ódio como tantos fazem.

Só sentimos raiva desses insensatos porque reverenciamos as coisas que eles tiram de nós.

A única vida próspera é a vida virtuosa

A virtude é a nossa meta e o nosso propósito. A virtude que leva à felicidade duradoura não é uma bondade *quid pro quo* ("Serei bom *para* conseguir alguma coisa"). A bondade em si e por si é a prática e a recompensa.

Bondade não é piedade ostensiva ou boas maneiras flagrantes. É uma sucessão de sutis reajustes de nosso caráter ao longo da vida inteira. Afinamos progressivamente nossos pensamentos, palavras e atos, como se fossem instrumentos musicais, para um desempenho mais sadio. A virtude é inerente a nossas intenções e nossos atos, não aos resultados deles.

Por que nos preocuparmos em ser bons? Ser bom é ser feliz, tranquilo e livre de inquietações. Quando você se empenha ativamente em aprimorar-se cada vez mais, abandona os hábitos preguiçosos de encobrir ou procurar desculpas para as próprias atitudes. Em vez de sentir um fluxo constante de vergonha impregnando o fundo de sua alma, você faz sua vida avançar utilizando as possibilidades criativas *daquele* momento preciso que está vivendo. Você começa a *ocupar* integralmente aquele momento em vez de procurar escapar ou desejar que o que está acontecendo seja diferente. Você vive a sua vida de forma completa por estar de fato em cada um de seus momentos.

A vida virtuosa considera como tesouros: sua ação correta, sua fidelidade, sua honra e sua decência.

A virtude não é uma questão de graus, a virtude é um absoluto.

Busque o bem ardentemente

Busque o bem ardentemente. Porém, se suas forças escasssearem, aceite o resultado e siga adiante.

O que é importante e o que não é

Este é o nosso problema: muitas e muitas vezes perdemos a noção daquilo que é importante e daquilo que não é. Ansiamos por coisas sobre as quais não temos controle e não nos satisfazemos com as que estão ao nosso alcance.

Precisamos parar de vez em quando e fazer um balanço: sentar e determinar em nosso íntimo o que tem realmente valor e o que não tem; avaliar quais são os riscos que valem a pena e quais os que não valem. Mesmo os mais confusos e penosos aspectos da vida podem ser mais toleráveis quando se enxerga com clareza e se fazem opções.

A razão é suprema

A racionalidade não é tudo. Há muitos setores da vida a que ela não tem acesso. Os maiores mistérios da existência estão além de seu alcance. Ainda assim, nossa razão é a melhor faculdade de que dispomos para salvaguardar nossa integridade.

Grande parte das pessoas não compreende o uso correto de argumentos por inferência nem conhece lógica, e por isso sua conduta é irregular, confusa, levada por impulsos ou por modismos, o que faz com que se desorientem facilmente.

Pensar com clareza não é uma arte sem sacrifícios. A função da razão é testar criticamente nossas conjeturas, nossa interpretação dos fatos e nosso método de chegar a essa interpretação. A razão não é um fim, mas um instrumento indispensável.

As perguntas são os motores da razão. Portanto, você precisa aprender a formular perguntas mais com sensatez do que com emoção. Quando sua capacidade de pensar com clareza está comprometida, sua vida moral pode se tornar imprecisa e equivocada.

A razão é capaz de distinguir o erro da verdade e uma verdade profunda de uma verdade superficial. Os sinais que indicam bom raciocínio são a clareza, a coerência, o rigor, a precisão das definições e a ausência de ambiguidade.

Exercite o quanto antes a sua capacidade de pensar com clareza para poder entrar confiante em qualquer discussão complexa e não ser confundido por ela.

Aprenda a curar a si próprio

Sua implacável perseguição da sabedoria adia o momento de possuí-la de fato. Deixe de correr atrás de tônicos e de novos mestres. O sábio, o livro, a dieta ou a crença da moda não podem fazer você avançar na direção de uma vida em plenitude. Você pode. Renuncie às circunstâncias exteriores de uma vez por todas.

Pratique a autossuficiência. Não seja um paciente maleável, dependente. Torne-se o médico de sua própria alma.

Mantenha o rumo com bom ou mau tempo

Não importa o que esteja acontecendo ao seu redor, faça o melhor que estiver ao seu alcance e aceite o resto como vier.

Seja grato

Pratique assumir uma atitude grata diante da vida e você será feliz. Se você enxerga tudo de uma perspectiva mais ampla e compreende a utilidade das coisas que acontecem, é natural que dê graças ao Supremo por tudo o que ocorre no mundo.

Nunca discuta assuntos importantes displicentemente

Tenha o cuidado de não discutir de maneira displicente, sem seriedade, assuntos que lhe são relevantes com pessoas que não são importantes para você. Agindo assim, o conteúdo da conversa é esvaziado e você debilita seus propósitos. Isso é especialmente arriscado durante os estágios iniciais de algum compromisso ou tarefa.

Certas pessoas banqueteiam-se como aves de rapina em nossas ideias. Sentem-se no direito de interpretar, julgar e distorcer à vontade aquilo que é fundamental para você e, com isso, seu ânimo fica abalado. Deixe que suas ideias e seus planos amadureçam antes de exibi-los para os contestadores e depreciadores.

A maioria das pessoas só sabe como reagir a uma ideia atacando seus pontos fracos, e não identificando seus méritos potenciais. Procure ser mais reservado para que seu entusiasmo não se dissipe.

O que nos faz realmente felizes

Todo ser humano quer ter uma vida feliz, mas muitos confundem os meios para obtê-la – por exemplo, riqueza e status – com a felicidade da vida em si. Essa focalização nos meios é equivocada e afasta ainda mais as pessoas de uma vida plena. O que realmente importa são as atividades virtuosas que constroem uma vida feliz, não os recursos externos que parecem ser capazes de promover a felicidade.

A força do hábito

Todo hábito ou capacidade é mantido e desenvolvido por suas atividades correspondentes: o hábito de caminhar nos faz caminhar melhor, a corrida regular nos transforma em melhores corredores. O mesmo acontece com a nossa alma. Sempre que você se zanga ou fica com raiva, mais aumentam a sua zanga e a sua raiva. Você intensifica um hábito e coloca lenha na fogueira.

Se você não quer ter mau gênio, não alimente o hábito. Não contribua com aquilo que possa intensificá-lo. Procure acalmar-se assim que puder e verifique os dias em que você não se zangou. "Eu costumava ficar com raiva todos os dias. Agora fico dia sim, dia não. Depois, de três em três ou de quatro em quatro dias." Com o passar do tempo, o hábito vai se enfraquecendo e acaba sendo substituído por reações mais sábias.

Zele por este momento

Zele com o maior cuidado e interesse por *este* momento. Entregue-se inteiramente às suas particularidades. Mostre-se sensível a *esta* pessoa, a *este* desafio, a *esta* tarefa.

Abandone as evasivas. Pare de criar dificuldades desnecessárias para si mesmo.

Está na hora de realmente viver. De habitar integralmente a situação em que você se encontra agora. Você não é apenas um espectador desinteressado. Participe. Empenhe-se.

Respeite sua parceria com a providência. Pergunte-se muitas vezes: "Como posso agir neste momento, ou desempenhar esta tarefa em especial, de modo que seja aceitável pela vontade divina e coerente com ela?" Preste atenção na resposta e entre em ação.

Mesmo quando sua porta está fechada e seu quarto está às escuras, você não se encontra sozinho. A vontade da natureza está dentro de você, da mesma forma que o seu caráter natural. Escute as propostas deles. Siga suas instruções.

No que diz respeito à arte de viver, o material é a sua própria vida. Não se pode criar grandes coisas de uma hora para outra. É preciso tempo.

Dê o melhor de si e seja sempre bom.

CONHEÇA OUTRO LIVRO DA SEXTANTE

Meditações

MARCO AURÉLIO

Uma das maiores obras de reflexão espiritual e ética de todos os tempos, repleta da sabedoria do estoicismo, as Meditações de Marco Aurélio são leitura essencial para quem deseja viver bem.

Com base em seu profundo conhecimento do comportamento humano, o filósofo e imperador de Roma traz insights e orientações práticas sobre vários aspectos da vida, desde lidar com as adversidades até interagir com os outros.

Nesta versão, originalmente traduzida do grego para o inglês por Gregory Hays – a primeira em décadas –, os pensamentos de Marco Aurélio falam com um novo imediatismo: nunca antes suas percepções foram apresentadas de forma tão direta e impactante.

Com uma introdução sobre a vida do filósofo, o estoicismo e as próprias *Meditações*, esta edição possibilita a redescoberta de um dos líderes mais inteligentes da história.

CONHEÇA ALGUNS DESTAQUES DE NOSSO CATÁLOGO

- Augusto Cury: Você é insubstituível (2,8 milhões de livros vendidos), Nunca desista de seus sonhos (2,7 milhões de livros vendidos) e O médico da emoção
- Dale Carnegie: Como fazer amigos e influenciar pessoas (16 milhões de livros vendidos) e Como evitar preocupações e começar a viver
- Brené Brown: A coragem de ser imperfeito – Como aceitar a própria vulnerabilidade e vencer a vergonha (900 mil livros vendidos)
- T. Harv Eker: Os segredos da mente milionária (3 milhões de livros vendidos)
- Gustavo Cerbasi: Casais inteligentes enriquecem juntos (1,2 milhão de livros vendidos) e Como organizar sua vida financeira
- Greg McKeown: Essencialismo – A disciplinada busca por menos (700 mil livros vendidos) e Sem esforço – Torne mais fácil o que é mais importante
- Haemin Sunim: As coisas que você só vê quando desacelera (700 mil livros vendidos) e Amor pelas coisas imperfeitas
- Ana Claudia Quintana Arantes: A morte é um dia que vale a pena viver (650 mil livros vendidos) e Pra vida toda valer a pena viver
- Ichiro Kishimi e Fumitake Koga: A coragem de não agradar – Como se libertar da opinião dos outros (350 mil livros vendidos)
- Simon Sinek: Comece pelo porquê (350 mil livros vendidos) e O jogo infinito
- Robert B. Cialdini: As armas da persuasão (500 mil livros vendidos)
- Eckhart Tolle: O poder do agora (1,2 milhão de livros vendidos)
- Edith Eva Eger: A bailarina de Auschwitz (600 mil livros vendidos)
- Cristina Núñez Pereira e Rafael R. Valcárcel: Emocionário – Um guia lúdico para lidar com as emoções (800 mil livros vendidos)
- Nizan Guanaes e Arthur Guerra: Você aguenta ser feliz? – Como cuidar da saúde mental e física para ter qualidade de vida
- Suhas Kshirsagar: Mude seus horários, mude sua vida – Como usar o relógio biológico para perder peso, reduzir o estresse e ter mais saúde e energia

sextante.com.br